pabns POR
204.04 DYE

Dyer, Wayne W., author
El poder de despertar
33410017254188   08-23-2021

DISCARD

D1800276

EL PODER DE DESPERTAR

PRÁCTICAS DE MINDFULNESS Y HERRAMIENTAS ESPIRITUALES PARA TRANSFORMAR TU VIDA

DOCTOR WAYNE DYER

Título original en inglés: THE POWER OF AWAKENING
Copyright © 2020 a cargo de The Estate of Wayne W. Dyer
Publicado originalmente en 2020 por Hay House, Inc.

Título en castellano: EL PODER DEL DESPERTAR
Subtítulo: PRÁCTICAS DE MINDFULNESS Y HERRAMIENTAS ESPIRITUALES PARA TRANSFORMAR TU VIDA
Autor: Wayne W. Dyer

Primera edición en España, marzo de 2021
© para la edición en España, El Grano de Mostaza Ediciones
Impreso en España
Depósito Legal: B 1547-2021
ISBN: 978-84-123124-0-9

El Grano de Mostaza Ediciones, S.L.
Carrer de Balmes 394, principal primera
08022 Barcelona, Spain
www.elgranodemostaza.com

«Cualquier forma de reproducción, distribución, comunicación pública o transformación de esta obra solo puede ser realizada con la autorización de sus titulares, salvo excepción prevista por la ley. Diríjase a CEDRO (Centro Español de Derechos Reprográficos) si necesita fotocopiar o escanear algún fragmento de esta obra (‹www.conlicencia.com›; 91 702 19 70/93 272 04 45)».

EL PODER DE DESPERTAR

PRÁCTICAS DE MINDFULNESS Y HERRAMIENTAS ESPIRITUALES PARA TRANSFORMAR TU VIDA

DOCTOR WAYNE DYER

CONTENIDOS

Prólogo de Brendon Burchard 9
Introducción 31

Capítulo 1: Traza el curso que tienes por delante 33
Capítulo 2: Trasciende tu forma 47
Capítulo 3: Enfócate en el Gran Cuadro 61
Capítulo 4: Sé auténticamente libre 83
Capítulo 5: Descubre las tres claves de la
 Conciencia Superior 101
Capítulo 6: Domestica el ego (la cuarta clave)...................123
Capítulo 7: Conoce que todos somos uno.........................133
Capítulo 8: Ríndete y sigue el flujo 149
Capítulo 9: Pon riendas al poder de la visualización 167
Capítulo 10: Aprende a meditar y a entrenar tu mente 181
Capítulo 11: Vive en la luz 199
Capítulo 12: Disfruta del Cielo en la tierra.........................215

Sobre el autor 231

PRÓLOGO

De repente ves que están ocurriendo milagros, y es absolutamente asombroso para ti.

—Doctor Wayne W. Dyer

El miedo ha tomado el control.
El mundo está en crisis.
Es el final de marzo de 2020 y se extiende una pandemia global llamada coronavirus.

Mientras escribo estas palabras, mi esposa Denise y yo tenemos orden de no salir de casa. Sin embargo, no estamos solos; a la mitad de los norteamericanos se nos ha emitido algún tipo de orden para que nos quedemos en casa. Y van a venir más. A nivel global, miles de millones de personas están afrontando y continuarán afrontando restricciones gubernamentales.

Para cuando leas esto, tal vez ya sepas cómo ha terminado todo este episodio. Pero para nosotros todo es nuevo.

Cuarentenas, distanciamiento social, cancelaciones de las reuniones masivas y cierres de comercios son expresiones que todos estamos acostumbrándonos a decir.

Primero llegaron los avisos. En China surgió un virus misterioso. Después, la inevitable confusión, la evitación

PRÓLOGO

y la negación. Posteriormente, los contagios se extendieron rápidamente más allá de las fronteras. Más adelante, el pánico masivo. A continuación, en pocas semanas, no había elección: restricciones para viajar, las escuelas cerradas, los trabajadores enviados a casa, los países cerraban sus fronteras en todo el globo.

Cada día salen nuevas noticias que socavan los cimientos de nuestras comodidades y certezas. Acumulación de provisiones básicas, hospitales abarrotados, más regulaciones, la tendencia a culpar, la economía mundial al límite, y cada día, en titulares, el aumento de infecciones y la muerte por doquier.

Buena parte del globo está viviendo este terror constante y extenuante a lo desconocido. Es tal que nos lleva a cuestionarnos repetidamente por qué, cómo, quién tiene la culpa y qué va a pasar ahora... Preguntas imposibles que llevan a noches sin dormir, interminables especulaciones con los amigos, culpa social cambiante, conspiración política y la dolorosa realidad de ver la tasa de mortalidad escalar con precisión exponencial.

La economía de Estados Unidos ha colapsado hasta entrar en recesión, lo que ha llevado a aprobar un paquete de estímulos de dos billones de dólares que, según muchos reconocen, apenas se notará. En la última semana, tres millones de personas se fueron al desempleo. Y se espera que lo hagan decenas de millones más. Los negocios, buenos negocios, están quebrando en todos lados. Los países continúan cerrando sus fronteras. Hay más restricciones a la vista. No se prevé una vacuna a corto plazo.

Y, sin embargo, afortunadamente, mientras escribo estas palabras me siento *profundamente en paz*. Los contagios emocionales del miedo y la escasez no han perforado mi mente, ni mi cuerpo ni mi espíritu.

De algún modo, me siento en calma. Centrado. Responsable de mis emociones, confiado ante el peligro infinito y la extensión de la muerte, alejado de la necesidad de aferrarme a la esperanza de controlarlo todo.

Antes de cerrar, las estanterías de la tienda de alimentación a la que suelo ir están vacías de productos de primera necesidad y, sin embargo, siento abundancia.

Como la mayoría del mundo, es probable que me infecte en algún momento, y sin embargo me siento seguro, pleno, completo.

Estoy encerrado en mi casa, pero soy auténtica y espiritualmente libre.

Miles de personas me envían mensajes cada día. Tienen miedo, buscan guía y esperanza, y a menudo muestran enfado, terror, ansiedad. Sin embargo, yo no he sido empujado al abismo. Siento una confianza que es difícil de explicar, y estoy preparado para servir.

El optimismo y la fe me envuelven. Observo mis pensamientos intranquilos y las reacciones instantáneas, siento una preocupación egocéntrica por mí mismo. Sin embargo, durante la mayor parte del día me pregunto: "¿Cómo puedo servir ahora a los demás?"

Estoy encontrando aprecio, e incluso momentos de dicha, en estos días y noches aparentemente oscuros. Y tengo que agradecer al doctor Wayne Dyer el haber podido adquirir esta perspectiva y capacidad.

Oh, creedme, no soy perfecto ni soy siempre valiente. Pero aquí estoy, plenamente aquí, centrado y positivo, gracias a la sabiduría de Wayne y a su influencia a lo largo de mi vida.

Wayne fue, y todavía es, una parte vital de mi propio despertar. Especialmente ahora.

PRÓLOGO

EL MENTOR DISTANTE

Han pasado 24 años desde que leí por primera vez un libro de Wayne Dyer. Wayne falleció hace cinco años, y este libro que tienes entre tus manos es el número 43. No se me ocurre un momento más propicio para recibir este mensaje.

¿Cuál es la promesa de este libro en medio de estos tiempos caóticos? Desde mi punto de vista, es lo que Wayne frecuentemente enseñaba:

Hay un lugar más elevado, que cada uno de nosotros puede alcanzar mientras estamos aquí.

Y cuando despiertas a ese potencial, que es de lo que trata este libro, "vives de acuerdo con tu yo superior, que promueve la paz, la realización, la integridad y la alegría".

Nótese que Wayne no mencionaba las circunstancias. No necesitas una racha de buena suerte: *simplemente eliges vivir de acuerdo con tu yo superior y entonces ocurre*. El despertar no está supeditado a la conveniencia ni a la facilidad. Puede ocurrir ahora mismo.

De algún modo, esto me reconforta. Durante toda mi vida adulta he encontrado consuelo y libertad en el mensaje de Wayne.

A los diecinueve años tuve impulsos suicidas. Una ruptura con mi novia del instituto de secundaria me llevó a rebasar el límite. Ella me engañaba, y como mi identidad giraba en torno a nuestra relación, una vez que la relación acabó también acabó el concepto que tenía de mí mismo y de mi propósito. A veces, cuando tu relación se viene abajo, te derrumbas. Eso fue lo que me ocurrió: me sentí *deshecho*, perdido y deprimido. Planeé suicidarme, y también planeé cuándo y dónde hacerlo.

Pero, como suele ocurrir, la vida tenía otros planes. Una noche sufrí un accidente automovilístico: el coche en el que viajaba se salió de la carretera y dio varias vueltas. Me descubrí a mí mismo atravesando el parabrisas para escapar, y luego de pie sobre el capó abollado del coche. La sangre me corría por las piernas. Sentía oleadas de miedo por todo el cuerpo.

Y entonces me desmayé. Creí que me iba a morir.

Miré hacia abajo, a la sangre que rebosaba de mis pies al capó del coche. Pensé que era el final: *¿Importaba siquiera que yo muriera?* Sentí que mi vista se orientaba hacia el cielo, y allí estaba aquella preciosa y enorme luna. Y en ese instante en que miré hacia arriba, me sentí de repente seguro y liberado del dolor. Desperté repentinamente a la preciosidad y a la magia de la vida. Dios me había dado una segunda oportunidad.

Aquel muchacho triste, desconsolado y con pensamientos suicidas ya no quería morir. Yo quería *vivir*. Quería volver a amar. Quería importar.

Aquella noche comenzó mi compromiso de aprender a cambiar y a mejorar mi vida.

Unas semanas después, y después de recuperarme, empecé a hojear en las librerías en busca de respuestas a mis preguntas existenciales. Encontré la sección de autoayuda y me sentí atraído hacia un audiolibro de Wayne Dyer.

En un propicio giro de los acontecimientos, que sé que habría encantado a Wayne, lo primero que escuché fue su programa de audio *La vida despierta*.

(Cuando Hay House me pidió que escribiera el prólogo de este libro, accedí con alegría aun sin conocer el título. Recuerdo que abrí el manuscrito, vi el título *El poder de despertar*, y pensé: "Has completado el círculo, amigo mío. Bien hecho. Gracias".)

PRÓLOGO

El programa de audio de Wayne, *How to Be a No-Limit person (Cómo ser una persona sin límites)* y su libro *Real Magic* fueron lo siguiente, y resultaron esenciales para abrir mi mente cuando tenía poco más de veinte años.

Tiempo después, tras los ataques terroristas del 11 de septiembre de 2001, encontré confort y esperanza en *There's a Special Solution for Every Problem (Hay una solución especial para cada problema)*.

¿Qué estaba aprendiendo de Wayne?

Que la actitud importa. Que la intención cuenta. Que el amor importa. Que la fe importa. El ego, el control, el materialismo y el poder sobre los demás no cuentan. Cuando sirves a los demás estás sirviendo a un propósito. Conecta con la conciencia más elevada y accede a tu yo superior. Puedes estar en paz y sentir alegría incluso en medio de lo que parece ser un caos. Encuentra la quietud interna. Busca los milagros. La rendición puede ser fuerza. *Actúa de acuerdo con el amor, con lo Divino.*

En 2003, estas lecciones ya me estaban siendo rentables. Me sentía feliz y enamorado. Me sentía bien mental, emocional y espiritualmente. Había descubierto un buen trabajo como consultor de líderes. Resultaba interesante, satisfactorio y estaba orientado al servicio.

Pero me sentía llamado a hacer otra cosa. Quería ser escritor.

Tenía visiones de mí mismo hablando en público y comentando mis libros como un joven Wayne Dyer, aunque menos dotado y definitivamente menos sabio. No era que sintiera que podía ser como Wayne, sino que él era el ejemplo de lo que yo consideraba la *elección de una profesión*. No quería seguirle ni imitarle; quería una carrera profesional como la suya, en la que pudiera ayudar a la gente. Me sentí llamado a hacer esto.

Wayne enseñó que la mayoría de nosotros no nos permitimos la libertad de escuchar estas llamadas internas. Yo decidí escuchar mis sueños porque, sin duda, en algún receso de mi mente, Wayne había influido en mí para que lo hiciera.

Escribí con gran esperanza mi primer libro, *Life's Golden Ticket*. Lo vertí todo en él. Fue el logro artístico de mi vida. Me sentía ansioso por compartirlo con el mundo. Sin embargo, poco a poco, a lo largo de muchos meses, diecinueve editores fueron rechazándolo. Me sentí aplastado y dispuesto a retornar a mi trabajo seguro en el seno de una empresa. Consideré la posibilidad de abandonar mi sueño.

Entonces leí *Your Sacred Self (Tu yo sagrado)*.

Y meses después, *The Power of Intention (El poder de la intención)*.

Ahora no había vuelta atrás.

Las enseñanzas de Wayne ayudaron a cristalizar mi propósito y a alimentar mi deseo de lo que él llama en su libro *auténtica libertad*.

Me arruiné en mi intento de encontrar un editor y me hice conferenciante. Finalmente, encontré un editor. Lanzamos el libro y no estuvo a la altura de las expectativas. Pero yo mantuve mi intención: tendría éxito en esta carrera profesional.

De modo que decidí doblar mi apuesta y hacer lo que fuera necesario para manifestar mis sueños (algo que Wayne enseña en su libro). Renuncié a la necesidad de que otros reconocieran mi trabajo y empecé a aprender a escribir mejor; a hacer mejor el *marketing;* a iniciar un negocio; a vivir una vida más libre y plena.

Aprendí a no forzar las cosas, aunque tenía mucha visión, esperanza e intención. Es como Wayne solía enseñar en sus especiales de la PBS, la vida es un sueño y tú cuentas con la bendición de remar, remar, remar en tu barca, suavemente arroyo abajo... alegremente...[1]

En unos pocos años, me sentía cómodo en el río de la vida y escribí otro libro. Se convirtió en número uno de la lista de superventas del periódico New York Times. De repente, estaba dando conferencias por todo el país y ofreciendo mis servicios de *coaching* a personas influyentes. La vida se estaba convirtiendo en un sueño... Tenía la carrera de mis sueños como escritor, conferenciante y *coach*.

Todo era como Wayne había dicho que sería: cuando confías, estableces tus intenciones y buscas tus objetivos con flujo y fe, "de repente empiezas a ver que ocurren milagros, y te resultan absolutamente asombrosos".

En 2010, el círculo se completó. Invité a Wayne a hablar en uno de mis seminarios y él aceptó. Nos encontramos por primera vez detrás del escenario de mi evento, minutos antes de que yo saliera al escenario y explicara al público la diferencia que él había supuesto en mi vida. Estaba tan mareado... "de repente... milagros... te resultan absolutamente asombrosos".

Vi a Wayne despertar a mi público a los milagros, a Dios, a la vida, al amor.

Después de acabar de hablar, Wayne fue muy amable conmigo, con mi equipo y con todos los que estaban detrás del escenario. Antes de irse, me dio la impresión de que nos volveríamos a ver.

---

1. Hace referencia a una canción infantil. (N. del t.)

"TAL COMO PASAN LAS COSAS"

Un año después, Reid Tracy, director general de Hay House, me invitó a unirme al viaje que un grupo de gente iba a hacer con Wayne a tres lugares sagrados de Europa. Dije que sí. Para mí era un honor estar cerca de Wayne, pero, en secreto, yo estaba pasando momentos difíciles en mi vida sin saber muy bien por qué.

El itinerario consistía en llevar a algunos fans y familiares de Wayne a Asís, en Italia, a Lourdes, en Francia, y a Medjugorge, en Bosnia-Herzegovina. Eran lugares en los que se habían producido apariciones y milagros. En cada parada, Wayne iba a compartir con nosotros la historia del lugar, y cómo podíamos encontrar nuestro camino espiritual y los milagros en nuestra vida.

Tengo buenos recuerdos de Wayne en aquel viaje, que quiero compartir aquí. Creo que estas pequeñas escenas de su vida revelan algo de quien era. (No contaré aquí todo el viaje, solo tres momentos personales que fueron significativos para mí. Puedes ver el viaje en el programa de Hay House llamado *Experiencing the Miraculous: A Spiritual Journey to Assisi, Lourdes and Medjugorje*.)

El primer recuerdo que tengo es del día en que llegamos juntos a Italia. Recuerdo que fui al área de equipajes del aeropuerto y esperé a que aparecieran nuestras maletas. Allí estaba Wayne, esperando sus maletas con todos nosotros. Recuerdo que en este viaje había más de ochenta fans, pues en esta etapa de su vida Wayne era muy famoso. Generalmente, alguien en su posición tendría a un asistente para recogerle las bolsas mientras él se iba del aeropuerto con sus gafas de sol y se dirigía a un hotel desconocido en un coche privado.

PRÓLOGO

Pero Wayne vivía su mensaje y esperó sus maletas como todos los demás; era humilde y confiaba en sí mismo. Cuando salimos fuera, vio su coche privado esperando, pero prefirió ir en el autobús como los demás. Estos detalles pueden parecer pequeños e insignificantes, pero, si conocieras a Wayne, sabrías que estas cosas importan.

Lo segundo que recuerdo fue en el desayuno. Wayne comió con todo el grupo y tuvo la amabilidad de dejar que me sentara con él. Estaba emocionado porque quería averiguar cómo podía devolverle algo a mi mentor. Quería preguntarle cómo podía ser útil a su misión.

En esa etapa de mi vida, solo llevaba seis años y tres libros en mi empeño de ser un "líder del pensamiento". Era un novato y tenía poco que ofrecer a Wayne. No obstante, mi única habilidad era que yo había descifrado cómo funcionar *online* antes que la mayoría de la gente en nuestra industria, lo que me llevó a tener millones de fans y seguidores en el plazo de un año. Era algo notable, y casi todas las personas con las que hablaba me pedían que promocionara algo para ellos por internet: era una nueva constante en mi vida.

—Entonces, ¿hay algo, cualquier cosa, que pueda hacer por ti, Wayne? ¿Algo que pueda compartir o promocionar para ti? De algún modo, me gustaría devolverte los favores y darte las gracias.

Wayne sonrió, me miró y después miró a su plato de huevos.

—Estoy bien, Brandon. Veamos cómo se despliegan las cosas.

Esto es probablemente lo mejor que he aprendido de Wayne: *confiar en cómo se despliegan las cosas*.

Hasta el día de hoy, Wayne es una de las tres personas de esta industria que he conocido que no me ha pedido nada. Nunca lo olvidaré.

Lo tercero que recuerdo de la aventura europea es cómo hablaba de sus hijos. Era tan transparente en sus conferencias, en presencia de ellos hablaba abiertamente de sus experiencias como padre, marido y ser humano. Oír a un "gurú" compartir con la gente que le estaba pagando que no siempre era un buen padre, que todavía estaba evolucionando y explorándose a sí mismo y el mundo, que todavía estaba descubriendo el poder del amor, que no tenía el control, y que estaba tratando activamente de conectar con sus hijos mientras aún le quedara tiempo... Esto es raro. Es hermoso. Es el espíritu de todo este trabajo.

Durante el viaje solo hablé brevemente con los hijos de Wayne, pero, aquella misma mañana, charlando en el desayuno, compartí con él lo que había observado y oído de ellos: amaban a su padre y se sentían orgullosos de él. A veces, cuando Wayne te oía decir algo, su gesto, el brillo de sus ojos, su conocimiento silencioso... sin una palabra, llenaba el momento de alma.

ALGO VA MAL

Antes os he dicho que algo iba mal en mi vida cuando me invitaron al viaje con Wayne. No sabía exactamente lo que era, solo sentía que era así.

A medida que visitábamos lugares conocidos por haber ocurrido allí milagros, me impactó la sensación de que algo estaba muy mal en mí. En ese viaje estaba intentando escribir mi siguiente libro y las palabras no fluían. No me

PRÓLOGO

venían a la mente. Me sentía agotado en todo momento. Estábamos en un viaje de exploración y yo solo quería quedarme en la cama. No me sentía a mí mismo.

Ojalá pudiera decir que el viaje me curó, pero no lo hizo. Sin embargo, me obligó a averiguar qué estaba pasando. Porque, por el amor de Dios, *¿cómo puedo hacer un viaje espiritual con Wayne Dyer y no sentirme genial?* Pues sucedía que, durante ese viaje, mi cerebro comenzó a hincharse. Unos meses antes tuve un accidente con un *quad*. Fue un choque espectacular a sesenta kilómetros por hora. Pensé que había tenido mucha suerte: solo unos cuantos huesos rotos, una cadera desencajada, un hombro dislocado, una costilla rota y una muñeca partida que requirió una reconstrucción completa. Fue doloroso, pero me sentía afortunado porque el todoterreno no me había caído encima, en cuyo caso sin duda me habría matado o dejado paralítico. Era como una *segunda* segunda oportunidad.

Cuando recibí ayuda médica, los médicos atendieron a lo evidente, pero no me preguntaron si me había quedado inconsciente. Escanearon los huesos para ver las roturas, pero nadie me escaneó el cerebro. Yo ni siquiera sabía que era necesario.

Y así, durante el viaje con Wayne, el cerebro se me empezó a hinchar. Yo no lo sabía, simplemente me sentía fatal. Al regresar a casa, busqué atención médica. Un médico escuchó mis descripciones y me preguntó si me había quedado inconsciente recientemente. Al principio, le dije que no, pero a continuación me preguntó si había tenido alguna otra lesión en los últimos tiempos. Entonces, recordé el accidente con el *quad*. Él me dijo:

—Oh, bien, ¿alguien te miró el cerebro después del accidente?

Después del escáner me diagnosticaron lesión traumática cerebral. El doctor me dijo que estaba experimentando el síndrome pos-conmoción. Me hicieron falta dos años de tratamiento para volverme a sentir que era el mismo. Durante ese tiempo aprendí mucho sobre el permitir y volví a orientarme hacia las enseñanzas de Wayne. Vi el documental *The Shift* (*El cambio*) cuatro o cinco veces.

Ahora que sabes de mi accidente, me gustaría compartir un último recuerdo del viaje con Wayne. Durante el recorrido, todavía llevaba una sujeción en la muñeca a causa del accidente. Una noche, una serie de personas del grupo estábamos en el recibidor del hotel cuando bajó Louise Hay a saludarnos. Fue la primera y única vez que estuve con ella. Yo era un gran fan de Louise, y conocí el trabajo de Wayne debido a lo que ella y Reid habían construido.

Louise vino hasta mí, notó que llevaba el aparato en la muñeca y me preguntó si podía bendecirla. Puso la mano sobre ella y me pidió que cerrara los ojos. A continuación, recitó una oración silenciosa por mí e hizo lo que siempre hacía: envió energía amorosa. Sentí alivio en la muñeca y una bocanada de aire fresco en todo mi ser. Su presencia, incluso durante unos pocos minutos, resultó sanadora. Con esto ella me deseó lo mejor y se fue.

Más adelante descubrí que, cuando nos conocimos, Louise probablemente ni siquiera sabía quién era yo. Simplemente vio a alguien dolorido y trató de curarle. Como Wayne, ella siempre estaba al servicio. Los dos dieron forma a buena parte de mi vida.

Tres años más tarde, Wayne falleció mientras dormía.

Y dos años después, casi el mismo día, Louise también falleció.

PRÓLOGO

Como ocurre con todos mis mentores, tengo la esperanza de ser el portador de los valores de quienes me han enseñado y de compartir su mensaje con aquellos a los que tengo la bendición de llegar. Rezo para tener la sabiduría de honrarles y servir a los demás con la misma humildad y humanidad.

Ahora siento a Louise susurrando: "Realmente puedes sanar tu vida".

Y veo los ojos azules de Wayne brillando mientras afirma con la cabeza y su sonrisa se ensancha: "Hay un lugar más elevado, que cada uno de nosotros puede alcanzar mientras estamos aquí".

¿QUÉ DIRÍA WAYNE EN UNA CRISIS?

Ahora estoy aquí sentado, en presencia de mentores y recuerdos lejanos, y acabo de leer *El poder de despertar*. Leer este libro ha sido como una conversación con un viejo amigo y mentor, un recordatorio de lo que es importante, posible y hermoso en la vida. Este mensaje es muy relevante para este momento. Ciertamente el mundo ha dado un vuelco en cuestión de semanas debido al coronavirus, y con él las viejas nociones de quiénes somos, de lo que significamos unos para otros y de lo que nos depara el futuro. Estamos en el proceso de redefinir nuestra experiencia global, y eso es inquietante y atemorizante. Fuera lo que fuera lo que cada cual tuviera planeado a comienzos de 2020, muchas cosas han cambiado con rapidez. Esto me hace recordar lo que oí a Wayne compartir muchas veces desde el escenario: "Si quieres hacer reír a Dios, cuéntale tus planes".

Sin embargo, esta crisis es una verdadera oportunidad para planear una nueva vida, para despertar a una visión y a una experiencia más elevadas. Como dice Wayne en las páginas siguientes: "Lo que realmente ocurre aquí es que tu identidad personal cambia [...] ciertas actividades y eventos que antes tenían sentido y te motivaban dejan de ser importantes".

¿Podría haber algo que describiera mejor esta situación?

En las páginas siguientes hay muchas gemas que podrían ofrecer una visión de lo que Wayne nos diría en cualquier momento de dificultad. De modo que consideremos este momento, pero expandámonos también hacia futuros retos y a nuestra vida futura. Tengo miedo de ser presuntuoso, pero siento que cualquier libro de Wayne puede aplicarse al mundo de hoy, con crisis o sin ella, en los buenos y en los malos tiempos, cuando eres joven y cuando eres sabio.

Tal vez, durante los tiempos difíciles, Wayne nos recordaría que algunas personas "permitirán que las circunstancias de sus vidas determinen cómo es su mundo interno, de modo que se sentirán enfadados, heridos, deprimidos, tristes o temerosos debido a los sucesos externos".

Otros pueden despertar y experimentar las cosas de otra manera. No ven "los problemas, las dificultades o los obstáculos del mismo modo. Más bien, ahora los ven como cambios en la energía. Esto es lo que piensan: *sé que este problema se va a dispersar, porque los problemas siempre se dispersan. Esto me da la oportunidad de ver de qué estoy hecho, de ver si puedo gestionarlo*".

Wayne podría pedirnos que contempláramos los temores del momento y que dijéramos: "Yo soy más que lo que me molesta. Yo soy más que mis problemas".

PRÓLOGO

Podría plantear lo siguiente:

"¿Puedes aprender a ser testigo de tu vida en lugar de identificarte con ella?" Lo creas o no, ahí es donde reside la dicha, donde reside la conciencia superior, donde reside la auténtica libertad.

Wayne tal vez consideraría el hecho de que muchos de nosotros estamos encerrados en casa, y entonces sugeriría:

Tomad tiempo para apreciar la belleza de vuestra vida. Tomad tiempo para estar contemplativos. Tomad tiempo para ver que este es un universo magnífico. Hay una inteligencia en todo esto, y todas las personas y cosas con las que te cruzas tienen algo que puedes apreciar. En lugar de llenar tu mundo interno de crítica, escepticismo, duda, angustia o dolor, entiende que siempre tienes elección. Tú controlas todos tus pensamientos. Una vez que aprendes de memoria la idea de que aquello en lo que piensas se expande, puedes poner tu atención y energía en lo que aprecias, en lugar de en aquello que no está funcionando. Entonces verás que las características de la conciencia superior se manifiestan para ti.

Me gusta pensar que Wayne nos recordaría que es mejor no estar preocupado a todas horas ni intentar controlarlo todo.

El ego dice: "Tienes que preocuparte por todo". El yo superior dice: "Si te rindes, sirves, sigues el flujo, tienes un objetivo espiritual primordial y sabes que estás aquí con un propósito, no tendrás tiempo para ofenderte".

¿Qué deberíamos recordar durante los tiempos difíciles? Wayne podría comenzar recordándonos que miremos a lo que todavía es bueno en este mundo:

Cuando permites que la parte más elevada de ti se enfoque en lo que está bien en el mundo, en lugar de en lo que va mal, te vuelves más productivo. Liberar tu vida de negatividad y no permitir que el ego o tu autoabsorción se metan en medio te ayuda a sentirte más poderoso, en control y en paz.

Pero, ¿cómo se hace esto?
¿En qué puedo enfocarme de manera específica, Wayne?
Tal vez él respondería que no debemos enfocarnos en el drama actual, ni siquiera en lo que es bueno y en lo que está aquí ahora, también debemos mirar dentro y visualizar el futuro. Debemos tener el coraje de preguntar:

¿Qué quiero expandir en mi vida?

Imagina esto: que te expandes emocional y espiritualmente en lugar de cerrarte. A continuación, él podría sugerir que hagamos lo que nos hace felices y que ayudemos a otros, porque, cuando lo hacemos, todo se vuelve mucho más fácil:

La gran paradoja es que cuando nos enfocamos en ser dichosos y en servir a los demás, todas esas

PRÓLOGO

cosas que buscamos tan desesperadamente —el éxito, los logros, el rendimiento— parecen llegar a nuestra vida en grandes cantidades.

Pero, ¿qué pasa cuando nos sentimos solos o descorazonados?

Tal vez Wayne nos vería confinados en casa y sugeriría que es una bendición que se nos recuerde cuánto nos necesitamos unos a otros. *Cada cual está conectado y es necesario.*

Él diría: cuida de los demás, porque cuando "das en la diana y estás al servicio de los demás, entiendes la serenidad de la que hablo".

Por supuesto, solo podemos imaginar lo que Wayne diría con respecto a algo. Solo podemos imaginar que él estaría alineado intencionalmente con el propósito por el que sentía que había venido al planeta tierra y con su manera de vivir aquí:

Esa fuerza de Dios, o esa fuerza del amor, es lo que me importa, es la razón de que yo esté aquí. Cuanto más me encuentro a mí mismo actuando de acuerdo con lo Divino, más cosas maravillosas me ocurren.

Todas las cosas que hago, desde escribir hasta hablar en los medios de comunicación, están motivadas por un genuino deseo interno de traer más estabilidad, paz y armonía a la gente del mundo, del modo que sea.

Personalmente, parece que la razón por la que vine a este planeta tiene algo que ver con enseñar a confiar en uno mismo.

Sí, empecemos a confiar en nosotros mismos encontrando nuestro propio centro emocional, nuestra paz y armonía. ¿Cómo podemos empezar? Wayne podría sugerir esta meditación:

La meditación me ha ayudado a adquirir paz, serenidad y energía. Una de las cosas que he descubierto durante el proceso es que mi propósito es amar, servir y dar, y debo evaluar cada conducta, acción y pensamiento que tengo en estos términos: ¿Estoy amando, sirviendo, o dando? Creo que, en realidad, todos estamos aquí para dar; no estamos aquí para obtener. La meditación nos ayuda a conectar con la energía Divina que nos muestra que todos estamos aquí para servirnos unos a otros en armonía.

¿Y qué podría aconsejar Wayne durante y después de este momento de miedo, meses y años después de que esta pandemia haya pasado, después de que se haya encontrado la vacuna, una vez que hayamos puesto los pies en la tierra y entremos en las siguientes e inevitables incertidumbres de la vida? Tal vez nos diría:

Debes permitirte confiar en lo Divino. Ríndete y desapégate de como salgan las cosas, aunque esto pueda resultar muy difícil.

Simplemente tienes que ser: ser pacífico, ser alegre, ser dichoso.

¿Quién sabe lo que Wayne te diría a ti específicamente? Siempre puedes leer cualquiera de sus libros, lo cual espero que sigas haciendo, y encontrar tus propias respuestas.

PRÓLOGO

Pero no te preocupes: no necesitas tener todas las respuestas. El juego no consiste en conocer las respuestas. Simplemente tienes que despertar y ser quien eres. Como diría Wayne con un guiño, este no es un libro de autoayuda, sino de *autorrealización*. Al escribir estos últimos párrafos, me estoy dando cuenta de cuánto echo de menos a Wayne. Aunque solo le vi unas pocas y benditas veces, le he conocido cada día de mi vida adulta a través de sus escritos y programas.

Y al escribir este prólogo, debo compartir que me hubiera gustado escribir aquí toda la biografía de Wayne y contarte el desarrollo de los acontecimientos y el gran impacto que produjo su vida. Pero, sabiendo que en realidad el legado de una persona se transmite una historia tras otra, y de una persona a otra, creo que me limitaré a compartir lo que él significó para mí y lo que aprendí de él. Esta es mi pequeña ventana a este mundo, pero, ¡cómo me gustan estos recuerdos y cómo me gusta poder contribuir aunque sea mínimamente a la hora de llevar su legado adelante!

Tengo muchas ganas de que acabes cada una de estas páginas. Espero que compartas tus propias lecciones personales y cualquier experiencia que te haya ocurrido con Wayne con cualquier persona a la que llegues.

Su voz te seguirá hablando a lo largo de tu despertar y de tu compartir. Pero, ¡cómo me gustaría que pudiéramos llamarle todos juntos para que pudiera explicarnos una vez más, aquí y ahora, que podemos experimentar la vida de una manera más fácil, que podemos despertar del miedo, del ego y de todo el caos, que podemos elegir acceder a lo Divino en lugar de a la discordia, que podemos, verdaderamente y con fe, remar, remar, remar en nuestras barcas, suavemente, intencionalmente, alegremente, mientras navegamos por este bendito río. La vida es un sueño una vez que despiertas.

—Brendon Burchard,
autor de *Life's a Golden Ticket*, *The Motivation Manifesto* y *High Performanece Habits*
28 de marzo de 2020

INTRODUCCIÓN

Wayne Dyer actuaba siempre como un profesor. Incluso cuando se convirtió en terapeuta, y después en autor de éxitos de ventas, le encantaba compartir con otros las cosas que aprendía. Y tenía una manera extraordinaria de coger conceptos de alto nivel y bajarlos a la tierra, poniéndolos al alcance de todo el mundo.

Wayne siempre estaba abierto a nuevas ideas y exploró una variedad de temas a lo largo de su prolífica carrera como escritor y orador. Mientras peinábamos horas y horas de cintas de sus discursos y de las presentaciones que dio a numerosas y variadas audiencias a lo largo de muchos años, nos preguntábamos si podríamos encontrar un contenido para este libro con el que el público moderno pudiera identificarse.

Para nuestro deleite, nos sorprendió la intemporalidad de su mensaje. Ciertos pasajes parecían tan relevantes para los sucesos actuales que podrías jurar que los había escrito ayer. Nos reímos con su singular sentido del humor y su forma de usar las palabras. También nos dimos cuenta de que Wayne vuelve una y otra vez a ciertos temas, temas que todavía resuenan hoy. Pensamos que sería útil tomar esos temas y entretejerlos en este libro: *Hay algo más que el mundo físico de la forma. Buena parte de la vida es una ilusión. Todos nosotros tenemos un yo superior, que es quien verdaderamente somos, y es Divino. Creamos todas las cosas que necesitamos; incluso*

INTRODUCCIÓN

podemos manifestar milagros. No hay separación; todos somos uno. Amor, paz y armonía son lo que hace que la vida merezca la pena, no las posesiones sin significado que en realidad nunca podemos llegar a tener.

En estas páginas, él te llevará en un viaje desde el despertar hasta la conciencia superior, y después, en último término, hasta la iluminación. Te ofrecerá herramientas espirituales para trascender tus actuales circunstancias y viejos patrones, y te instruirá en prácticas de *mindfulness*, como la visualización y la meditación, que te ayudarán a alcanzar un estado de conciencia más elevado y de verdadera realización. En el proceso, llegarás a entender la conciencia y el plan Divino de maneras que tal vez no hayas considerado antes, de modo que cambiar tu vida para mejor te resulte natural, e incluso inevitable.

Fue muy reconfortante sentir que Wayne conecta con nosotros a través de sus palabras, inspirándonos y guiándonos en medio de la tensión y de los retos de estos tiempos revueltos. Esperamos que este libro te ayude a sentirte así, que te abra el corazón y te llene de esperanza.

—Los editores de Hay House

CAPÍTULO 1

TRAZA EL CURSO QUE TIENES POR DELANTE

Desde hace mucho tiempo, uno de mis objetivos ha sido desentrañar lo metafísico. Es decir, tomar algunos de los conceptos que parecen muy confusos para tanta gente, aclararlos y ponerlos a disposición de todos. ¿Por qué las cosas más importantes que necesitan aprender los seres humanos tienen que ser inexplicables o quedar envueltas en el misterio?

Antes de ir más lejos, te pido que te comprometas a abrirte a los temas que voy a tratar en este libro. Si solo has estado dispuesto a experimentar aquello que sentías que era seguro, y no te gusta ir fuera de esos límites, bueno, intenta no ser más ese tipo de persona. Más bien, esfuérzate por abrirte a nuevas experiencias. No te limites únicamente a aquello con lo que crees que puedes sentirte cómodo.

Cada uno de nosotros tiene una capacidad fenomenal de experimentar todo el rango de la experiencia humana, y quiero que sepas que podemos hacer esto con facilidad. Lo único que se necesita es salir de ese uno por ciento que supone vivir la vida dentro de nuestra forma física, y cambiar nuestra perspectiva para vernos unos a otros más allá de los marcos que nos encasillan. Cuando lo hagamos, descubriremos que podemos acceder a algo mucho más grande.

Una vez escribí un libro titulado *You'll See It When You Believe It* (*Lo verás cuando te lo creas*), y estoy plenamente de acuerdo con este concepto. Si solo crees en lo que ves, entonces te limitas a lo que está en la superficie. Pero si entiendes que lo verás cuando creas en ello, entonces sabes que en el universo hay una inteligencia especial que está detrás de todo lo que tiene vida en él. Cuando miras más allá de lo que todos los demás ven, de repente empiezas a contemplar milagros. ¡Y esto te resulta absolutamente asombroso! Llegas a un punto en el que ves que eres mucho más que las cosas que puedes tocar. Eres más que esta forma y que lo que ella puede detectar con sus sentidos físicos. Entiendes que tú eres mucho más grande, mucho mayor, mucho más *Divino* que eso.

Cuando ves esa inteligencia especial, o ese amor especial, en toda vida, piensas en aceptar, en amar y en mostrar amabilidad hacia todas las cosas. Enseguida, a partir de ese amor, empiezas a establecer nuevos tipos de relaciones y de entusiasmos, y haces que ocurran cosas que nunca pensaste que podrían ocurrir. Y entonces pasas a *esperar* milagros, en lugar de sentirte sorprendido por ellos. Llegas a estar verdaderamente despierto, y tu vida cambia completamente.

He notado que esta evolución está teniendo lugar en mí mismo. Ahora están a mi disposición cosas que antes, basándome en la conciencia que tenía en aquel momento, me resultaban completamente inaccesibles. Puedo tenerlas cuando quiera. He tratado de anotar algunas de las cualidades o características que me han ocurrido y que tú también puedes esperar ver en ti. Este es el curso que vamos a trazar a lo largo de las páginas siguientes. Este libro trata sobre el poder de ese despertar.

EL PROCESO DE DESPERTAR

¡Qué concepto tan maravilloso es el de estar despierto! Es como cuando vas a dormir por la noche y estás soñando: la única manera de saber que estás durmiendo es despertar. Entonces estás en un mundo completamente distinto, en una experiencia completamente diferente. Aquí estamos hablando de algo similar. Durante el proceso de despertar mirarás hacia atrás, al "sueño" que has estado viviendo hasta ahora.

¿Cómo sabes que estás despertando y que una conciencia superior está gobernando tu vida? Bueno, parece que pasas por algunos niveles, que no tienen nada que ver con tu edad, con tu género, con tu ocupación, ni con nada externo a ti.

En primer lugar y principalmente, percibes las cosas de otra manera. Ves con claridad las debilidades del ser humano: ves lo restringidas que están las personas debido a sus antiguas creencias, a todas esas reglas que han sido transmitidas de generación en generación, y que ya no son válidas, pero las personas aún se aferran a ellas. Lo ves incluso en ti mismo, ves cómo te comportas en función de unas reglas que ya no están vigentes y que alguien trató de imponer en ti. Sin embargo, no te enfadas por ello. No lo juzgas ni te sientes apegado a ello; simplemente lo ves.

Esta nueva inteligencia que empiezas a desarrollar es algo asombroso. Por ejemplo, te da una gran libertad porque ya no tienes que tener razón. Verás que otras personas tienen opiniones contrarias a las tuyas y, en lugar de intentar luchar con ellas o conseguir que vengan a tu campo, te dices a ti mismo: *Bueno, ahí es donde están ahora mismo*. Una vez más, no hay juicio: simplemente lo ves.

Desarrollas una compasión increíble por todas las formas de vida, y esto puede resultarte casi abrumador al comienzo del proceso del despertar. Tienes un amor por otros seres similar al amor que tenías por ti mismo cuando eras más feliz, cuando eras joven. Lo sientes incluso por personas que supuestamente son tus enemigos o competidores, aunque ya no piensas en estos términos. Percibes una Divinidad en cada una de las almas que están ahí fuera, y no quieres que nada ni nadie se haga daño. Esta nueva compasión es una parte importante del proceso de despertar.

Un día, mientras caminaba por la playa, me di cuenta de que un hombre mayor estaba enseñando a pescar a un chico joven. El hombre había pescado un pez, pero era demasiado pequeño. Iba a devolverlo al mar, pero, entre tanto, el sedal se enredó. De modo que el pez estaba allí, coleando sobre la playa, jadeando en su deseo de volver al agua, y el hombre estaba tan ocupado con el sedal enredado que se olvidó completamente de él. Estaba desenredando el sedal y hablando con el niño, y yo estaba allí, preguntándome qué iba a hacer con el pez.

Me parecía que, si él se comportase como si toda vida fuera preciosa, lo primero sería tomar el pez, retirar el anzuelo con delicadeza y devolver la criatura al agua. Pero el hombre estaba preocupado por el enredo del sedal, hasta que finalmente pareció recordar y dijo: "De acuerdo, vamos a devolverlo al mar". Dejó sufrir al pez durante unos dos minutos hasta que volvió a echarlo al mar, y entonces una ola lo devolvió directamente a la playa. Una vez más, el hombre no se dio cuenta, de modo que yo fui y lo recogí. Tomé el pez y lo introduje unos veinte metros en el agua, porque todavía estaba vivo. Finalmente conseguió lo que necesitaba y se alejó.

Este tipo de comportamiento es común cuando empiezas a despertar: sientes compasión por todas las cosas, tanto si se trata de un ser humano como de un pez. Esto no significa necesariamente que no comas animales, por ejemplo, pero puedes buscar una manera más humana de conducirte con la cadena alimentaria. A medida que entras en este proceso de despertar, tu ética personal cambia, y empiezas a observar normas que antes no eran aplicables.

Uno de estos cambios en mi propia ética es que he soltado mi antigua necesidad de tener razón. Mi impulso de informar a la gente de en qué se equivoca y de ponerles en su sitio ha disminuido mucho; ahora me resulta fácil morderme la lengua. De hecho, para mí se ha vuelto muy difícil tener un encuentro con otro ser humano en el que este se vaya enfadado o molesto.

Otra característica que encontrarás en ti mismo es un menor apego a la gente. En particular, ya no estarás apegado a los que deseen controlarte de algún modo. Sí, tienes esta tremenda compasión y esta nueva inteligencia, con la que empiezas a ver cosas que en otro momento de tu vida no estaban claras, pero no te preocupa que todo el mundo esté de tu lado. Si tienes relaciones controladoras, entiendes que ya no son necesarias y empiezas a alejarte de ellas. Inicialmente te alejarás de ellas en tu propia mente, diciéndote a ti mismo: *No, no me voy a dejar controlar*. Al principio esto puede resultarte incómodo, pero después de algún tiempo te sientes muy en paz por dentro y simplemente te desprendes completamente de ese tipo de relaciones.

Una de las grandes claves del despertar es que ahora te ves a ti mismo como una persona sin etiquetas. No tienes que definirte mediante un título laboral, ni por tu estatus marital, ni por cuánto dinero tienes... no te defines en absoluto. Las antiguas etiquetas que siempre te ponías (soy un graduado universitario, soy un profesional, soy un marido, soy un padre, soy un hombre...) ya no son aplicables. En cambio, reconoces que no tienes forma, eres informe.

Asimismo, no ves los problemas, las dificultades o los obstáculos del mismo modo. Ahora los ves como cambios en la energía. Piensas: *sé que este problema se va a dispersar, como siempre hacen los problemas. Esto es una oportunidad para ver de qué estoy hecho, para ver si puedo gestionarlo.*

Por ejemplo, durante un viaje, no podía encontrar la llave de mi habitación del hotel. Hubo un tiempo en el que eso me habría molestado mucho, pero tal como veo las cosas ahora, eso es una prueba. Sabía que se resolvería, y si no encontraba la llave, siempre podía conseguir otra. Trabajé este pensamiento y en menos de veinte segundos encontré la llave. Simplemente apareció. Si bien este es un ejemplo simple, he descubierto que cuanto más practico estos cambios de energía, más ocurren este tipo de cosas.

Lo siguiente que notarás en el proceso del despertar es algo a lo que me gusta llamar "en un instante". Es decir, ahora entiendes en un instante eso que antes estaba envuelto en brumas y parecía misterioso para ti. Es casi como si estuvieras más abierto, y esa apertura te permite experimentar cosas que nunca habías experimentado antes.

Por ejemplo, puedo recordar que hace unos años leí un libro clásico de India y no obtuve ninguna claridad de él. Pero el otro día lo retomé y, en un instante, todo cobró para mí un sentido absoluto, perfecto y total. Asimismo, antes solía evitar las partes de las librerías dedicadas a la filosofía, o cualquier cosa que pareciera tener algo que ver con la espiritualidad o la metafísica, o cosas parecidas. Pensaba: *¡Vamos! Si no puedes verlo o agarrarlo, no existe. Esto es todo lo que hay.* Después empecé a verme en esas mismas secciones, comprando cuatro o cinco libros a la vez y subrayando párrafos una vez que los llevaba a casa. Es como si en un instante empezara a entender el tipo de libros que antes me hacían pensar: *¿Qué es esto? ¿De qué está hablando este tipo? ¿Quién se ha creído que es? ¿A quién le está tomando el pelo?* Ahora los leo y los entiendo. Veo las cosas de una manera completamente nueva.

A medida que empieces a despertar, te vendrán todo tipo de nuevos planteamientos instantáneos y nuevas maneras de mirar las cosas, porque estás eliminando la rigidez que tenías antes. La forma más completa de ignorancia es rechazar algo de lo que no sabes nada. Sin embargo, muchas personas se pasan toda la vida así, impidiendo continuamente que entre lo nuevo para que no cree conflicto con las creencias firmemente establecidas. Para el resto de nosotros, la apertura está disponible en un instante. Y ese "instante" puede ocurrir en cualquier parte. Puede ocurrir en una conferencia. Puede ocurrir en un servicio religioso. Puede ocurrir en un encuentro precioso con otro ser humano, quizá incluso con un extraño. Puede ocurrir de diversas maneras porque ahora estás abierto. Esa apertura te da la oportunidad de entender cosas que antes para ti siempre eran difusas.

Las fronteras entre las demás personas y tú empiezan a derrumbarse porque te das cuenta de que todos somos uno. Recientemente recibí algo muy bello en el correo: era una imagen del planeta, con una frase a su alrededor que decía: "cuando entiendes que el mundo es redondo, nunca puedes elegir bandos". Esto es tan verdadero como el hecho de que todos vivimos en este planeta. Pero tienes que ir lo suficientemente lejos para ver la unidad de la que venimos, la unidad que somos, la unidad que es toda la humanidad. Somos como una célula de todo este cuerpo llamado humanidad. Ya no notas las cosas que antes se separaban de otras personas. Todas esas fronteras se han difuminado, y ves a cada ser humano con quien te encuentras no en términos de lo que te separa de él, sino de lo que te conecta con él. Solo ves esa conexión, que te motiva para construir puentes más que muros. En lugar de aferrarte a la separación, ahora te abres a los demás. Ves que, de algún modo, todos los que están ahí fueran están conectados contigo.

Lo que realmente ocurre aquí es que tu identidad personal cambia. Una vez más, las etiquetas ya no son aplicables. Ya no eres un escritor, un esposo, un padre, o lo que seas; ahora eres una conciencia superior, y otras personas están contigo. Es posible que estén en otro lugar que tú en el camino de la vida, pero no necesitas separarte de ellas.

Ciertas actividades y eventos, que antes eran significativos y te motivaban, ahora ya no son importantes. Piensa en algunas de las cosas que eran tan cruciales para ti en un momento anterior de tu vida, como si pertenecías al club correcto, si gustabas a tus amigos, si tenías puesto el vestido o el traje adecuado, si acudías a las reuniones correctas. ¿Qué sensación te produce considerar estas actividades y eventos que antes eran tan significativos para ti, ahora que ya no lo son? ¿Qué nuevas alegrías has encontrado para ocupar su lugar. Tal vez prefieras estar solo o con una persona amada, haciendo algo tan simple como leer un poema o salir de paseo. Ya no sientes que tengas que realizar ciertos movimientos para demostrar tu humanidad. Ahora todo está bien. No tienes que tener una cita cada viernes y sábado por la noche. No tienes que estar apegado en absoluto a un compañero o compañera. No tienes que ganar nada. No tienes que preocuparte por todas esas cosas que a la gente le consumen tanto tiempo y energía.

No me entiendas mal: no hay nada malo en tener ropa buena o encuentros sociales divertidos. Es genial y está bien si eso es lo que estás haciendo ahora mismo y disfrutas de ello. Pásatelo muy bien, por favor. Simplemente ten en cuenta que, a medida que empieces a despertar —y estas cosas pueden suceder a cualquier edad, en cualquier momento—, habrá más cosas que cada vez se volverán menos significativas. Te descubrirás a ti mismo llegando al punto en el que dices: "No, creo que no voy a ir ahí. Quiero leer esto". O, "Estoy trabajando en un proyecto. Quiero escribir algo que es muy importante para mí". O, "Tengo un cuadro en el que he estado trabajando, y quiero ver si puedo terminarlo". O, "Cuatro o cinco de nosotros vamos a comenzar un grupo para incrementar la conciencia con respecto a la adicción". O cualquiera que sea tu pasión.

Tus prioridades empiezan a alejarse radicalmente de los sucesos, de las actividades, de las cosas o de los lugares en los que tratabas de encajar con tanto ahínco. Ahora todas esas cosas que solían ser tan importantes han desaparecido. Ahora te descubres consultando lo que yo llamo tus "señales internas". Es decir, sigues tu propia guía con respecto a lo que es correcto y a lo que tienes que hacer en todo momento; ya no miras a otras personas ni a factores externos para que te muestren el camino.

He visto esto de manera dramática en mi propia vida. El tiempo más importante es el que paso con mis hijos. Cuando no puedo estar con ellos o elijo no estar con ellos, encuentro sentido a estar solo. Descubro cada vez más que los momentos en los que puedo leer, escribir, dibujar o simplemente contemplar mis propios pensamientos son absolutamente perfectos. La idea de tener que ir a ver una película el viernes por la noche y después salir a cenar, y otra serie de cosas que antes formaban parte de mi vida, ya no me atraen. Sin embargo, cuando miro atrás a esos tiempos, veo que han sido necesarios, porque todo eso me ha enseñando a llegar aquí.

A medida que despiertas, tus relaciones cambian de manera literal. Algunas de ellas se hacen más profundas, pero el número de ellas empieza a reducirse drásticamente. No sientes que tengas que estar rodeado de gente en todo momento, de modo que reduces el número de conocidos. Te relacionas con un grupo reducido y selecto que no tiene que estar de acuerdo contigo en todo momento, pero que está *contigo*. Tiendes a tener un círculo más pequeño, porque tienes menos paciencia con muchas de las actividades y personas que te rodean. Podrías encontrar que solo tienes tres o cuatro amigos, o incluso solo uno o dos, y esto se debe a que estás solidificando la relación contigo mismo y viéndote como parte de algo mucho más grande, mucho más perfecto. Con este fin, la privacidad se convierte en algo que casi te consume. La necesidad de estar por tu cuenta y de no tener a otras personas a tu alrededor en todo momento es vitalmente importante.

Tus relaciones de dependencia se agrían completamente, y te vuelves menos tolerante con cualquier persona que quiera determinar algún aspecto de tu vida. Este es uno de los cambios más notables y drásticos que experimentarás. A partir de ahora nadie te va a decir lo que tienes que hacer. Nadie va a dictar cómo tendrías que ser; y esto es válido tanto en casa como en el trabajo. Sabes que eres una persona que tiene mucho que dar, y eso es lo que haces. Si otros tratan de controlarte, primero reaccionas a ellos solo con amor. A continuación, si eso no funciona, pasas discretamente a otra cosa.

Otra de las cosas que descubrirás es que el proceso de despertar no es algo de lo que te puedas alejar. Tal vez pienses que puedes, pero entonces él te atrapa. Ahora estás abierto a la Divinidad, a la grandeza y a la perfección que eres, y como actúas de acuerdo con tu conciencia superior, solo dejas entrar lo bueno.

Es algo parecido a una arteria obstruida por el colesterol que no deja pasar la cantidad de sangre adecuada. Piensa en tu cuerpo como si estuviera obstruido por dentro, por el colesterol o alguna enfermedad o algo parecido: entonces la salud y los productos nutritivos no pueden entrar. En consecuencia, ganarás peso, tu nivel de energía se reducirá, tu complexión tendrá peor aspecto, y así sucesivamente. Ahora bien, cuando prestas atención a otras opciones mejores con respecto a la nutrición y al ejercicio, el estado saludable se apodera de ti y no quieres dejarlo. Una vez que empiezas a sentirte mejor, sabes que ya no puedes volver a los antiguos hábitos.

Esto me recuerda una experiencia que tuve en un avión hace algún tiempo. La comida que me ofrecieron tenía el aspecto de haber estado hecha en 1943. Alguien cercano abrió su paquete y tenía ese olor a química de

los alimentos procesados. Era una cosa marrón imposible de identificar, de modo que le pregunté a la azafata:
—¿Qué es esto?
—Oh, es pollo —dijo ella.
—Nunca he visto un pollo que tuviera ese aspecto —dije yo.
Miré a todas las personas que estaban a mi alrededor a punto de empezar a comer y dije:
—No, voy a pasar de esto. Gracias.
Durante algún tiempo estuve viviendo de comida grasienta que no era mucho mejor. La comida no cambió; yo cambié. Dejé entrar otro tipo de cosas y me desobstruí en el ámbito de lo físico.
Y lo mismo es aplicable al dominio del pensamiento. Dejas entrar nuevas ideas: *Hay una fuerza positiva en el universo y yo soy parte de esa fuerza. Puedo hacer que ocurra cualquier cosa que desee para mí mismo. Estoy conectado con toda la humanidad. Vivo en un universo perfecto, donde existe la sincronicidad y donde no hay coincidencias. Todo lo que ocurre ocurre por alguna razón, y yo estoy aquí para aprender de ello. El perdón es un estilo de vida.* Todas estas cualidades de la conciencia superior entran en tu vida y no puedes darles la espalda. De hecho, entras un poco más en ellas.
Ahora bien, no vas por ahí haciendo proselitismo, no tratas de convencer a nadie para que sea como tú quieres que sea. En realidad, esto forma parte de estar despierto: no tienes que convencer de nada a nadie. Eliges amar a la gente por estar donde están, aunque estén haciendo daño. Te enfocas en que la tierra vuelva a estar en armonía con su perfección, en lugar de preocuparte por algún tumulto o desorden. Tratas de juntar a suficientes personas que estén llenas de amor y paz para que puedan

afectar positivamente a las demás, hasta que finalmente ya no tengamos más guerra ni odio.

Tal vez solías tener pensamientos que te favorecían solo a ti mismo a expensas de los demás, como: *Esto no importa lo más mínimo. Voy a conseguir lo mío antes de que el otro consiga lo suyo. No importa si engaño o miento, o si tengo que ser deshonesto con alguien. Nada de esto crea ninguna diferencia mientras yo pueda conseguir aquello a lo que tengo derecho.* Este tipo de nociones disminuirán a medida que tus valores se orienten hacia este concepto de armonía.

Aprecias todo lo que tienes, aquí mismo y ahora mismo. No piensas en términos de lo que te falta en la vida. No estás definido por *¿Qué puedo conseguir y cómo puedo conseguirlo?*, sino por: *¿Cómo puedo estar en paz internamente, y cómo puedo ayudar a otros a que estén en paz también? ¿Cómo puedo servir?* Solo tienes amor, y cuando empiezas a darlo, descubres que, paradoja de paradojas, todo lo que alguna vez quisiste está ahí en cantidad suficiente. Y eso se debe a que sabes que no vas a conseguirlo todo: tú *eres* todo.

Estás en armonía. Estás en paz. Estás en el amor. Estás despierto.

Como puedes ver, el proceso de estar verdaderamente despierto es muy poderoso. Te conducirá a una conciencia espiritual elevada, y después a la iluminación. De modo que ahora que ya sabes lo que puedes esperar de este curso que tienes por delante, empecemos nuestro maravilloso viaje.

CAPÍTULO 2

TRASCIENDE TU FORMA

Últimamente he estado mirándome mucho las manos. Tengo unas manos geniales, pero han cambiado con el tiempo. Ahora tienen algunas manchas marrones que nunca había visto, por ejemplo. No sé qué son, marcas de belleza, supongo.

Cuando mis niños eran pequeños, yo les apretaba la piel del dorso de las manos, que volvía a su sitio como una goma. La mía también solía hacer eso, parece que ya no lo hace tanto. Ahora digamos que vuelve dibujando meandros. Yo la cronometro: "Cuatro segundos, vaya. La semana pasada eran tres".

Ahora bien, si pensase que mis manos o cualquier otra parte de mi cuerpo constituyen lo que yo soy, alucinaría. Gracias a Dios, sé que no soy el cuerpo en el que me presento. Y tú tampoco lo eres, aunque apuesto a que te han enseñado que *eres* un cuerpo. De modo que has estado observándolo, e intentando elevar las partes colgantes y caídas. Has venido observando la caída del pelo. Yo ciertamente la he observado. Pero descubrí que esos pelos de lo alto de la cabeza en realidad no se caen hacia fuera; van hacia dentro. Sí, acabo de hacer este descubrimiento asombroso: los pelos se meten hacia dentro, y después salen por la nariz y por las orejas. Si mis hijos no me hubieran comprado una maquinilla para afeitarme los pelos de la nariz, que también se puede usar para las orejas, ahora me llegarían hasta los hombros. ¿Y para qué? ¿Para qué los necesito ahí?

Ahora en serio, uno de los motivos de escribir este libro es enseñarte algo muy importante: *Tú no eres tu forma*. Tú eres algo mucho más magnífico y divino que tu envoltorio, y que tu mente se haya expandido hasta esta nueva dimensión de comprensión es causa de celebración.

Creo que todos tenemos la capacidad de trascender o de ir más allá de nuestra forma: es decir, de *transformarnos*. De hecho, ningún ser humano está nunca plenamente formado; siempre estamos en proceso de transformación. Justo cuando pensamos que estamos formados, nos miramos al espejo y notamos una arruga que no estaba ahí ayer, un párpado un poco más caído, un diente agujereado, o vete a saber qué. De modo que no existe tal cosa como una persona plenamente formada.

Tú ahora ocupas este cuerpo particular, pero tú no eres el cuerpo en absoluto. Es como el traje especial de un astronauta: tienes esta corteza que ocupas durante cierto tiempo. El problema es que muchas personas creen absolutamente que son su envoltorio. Imagina que vas a la sección de alimentos congelados del supermercado y ves un paquete con una bella imagen de brócoli con almendras. Te lo llevas a casa, coges el envoltorio y este lo pones dentro de un pequeño puchero con agua caliente: empiezas a hervir el envoltorio... Por supuesto, ¡nunca harías eso! Sabes que el brócoli y las almendras están dentro del paquete; no son su envoltorio.

Tengo esta misma analogía para cada uno de nosotros: pensamos que somos nuestro envoltorio. Entramos en este paquete, y pensamos que es más importante que su contenido. Sin embargo, el contenido es nuestra capacidad de ser cualquier cosa que queramos y de hacer que ocurra casi cualquier cosa que deseemos.

TODO ESTÁ EN TU MENTE

La mente humana tiene un poder increíble de hacer que las cosas ocurran. Por ejemplo, conozco a personas que literalmente han hecho milagros en ellas mismas. También conozco a personas que han estado en la profundidad de la desesperación y entonces, de algún modo, ocurrió algo mágico, y sus vidas cambiaron.

Tengo la creencia fundamental de que cualquiera puede dar un giro a su vida. La esencia de la situación nunca se resume en: *¿Tengo el cuerpo adecuado? O, ¿Soy fuerte?* O cualquier otra cosa que te digas a ti mismo que tendría que ser diferente para conseguir lo que quieres que ocurra. Pienso realmente que cualquier forma en la que te encuentres es parte del programa de estudios de tu vida. Esto es lo que tienes, de modo que, si lo juzgas, o te sientes molesto con ello, si deseas que sea algo distinto o diferente, si lo maldices o le encuentras algún tipo de falta, te estás impidiendo encontrar a Dios, el Tao, el nirvana... o cualquier palabra que quieras usar. Esta actitud te impide estar verdaderamente despierto.

Sin embargo, muchas personas no creen tener el poder de cambiar cosas que están fuera de sí mismas a través de su forma de pensar. No quieren aceptarlo; piensan que están formadas, y eso es todo. Se levantan por la mañana, salen a hacer las cosas como se han de hacer según su "formación laboral" y después vuelven a casa y están en su "formación como papá", y después en su "formación como amigo", o en lo que sea, y siguen así a lo largo de toda su vida. No entienden que hay algo más allá de esa forma.

El proceso de despertar puede parecer complicado y difícil porque no podemos ver la perfecta inteligencia que está detrás de toda forma. Hay una inteligencia detrás de un pez en el agua. Hay una inteligencia detrás de una planta que crece de cierta manera. Hay una inteligencia detrás de cada ser vivo. No detectamos esa inteligencia porque estamos muy preocupados por: ¿*Qué puedo ver? ¿Cómo puedo pillarlo?* El simple hecho de que no podamos agarrar físicamente lo que está ocurriendo en nuestras mentes no significa que no exista, como tampoco podemos decir que el viento no existe porque no podemos agarrar un puñado de él.

No puedes agarrar al viento, no puedes oler el viento, no puedes tocar el viento… solo puedes ver sus resultados. Eso es todo. Sabes que el viento existe, pero nadie lo ha visto nunca. ¿Cómo podrías hacer eso? El viento existe independientemente de si tú puedes tocarlo o no. A medida que despiertas, y te liberas de las cosas que inmovilizan a la mayoría de la gente: toda la angustia, toda la depresión, todo el tener que seguir adelante, toda la acumulación de ansiedades, todo el comportamiento del tipo A que sufrimos…; todo eso se convierte en algo del pasado y son pensamientos que nunca volverán a golpearte hasta dejarte noqueado.

Lo que te hace ser quien eres no tiene nada que ver con tu cuerpo. Sin duda puedes hacer muchas cosas con el montón de piel, huesos, músculos y grasa en el que estás metido, pero lo *procesas* y *experimentas* todo a través de la mente. De modo que cuando puedes ver que eres mucho más que esta forma, entiendes que los pensamientos que tienes son cosas, y que pueden ser cambiados. Puedes aprender a percibir la vida de una manera nueva, la clave consiste en darte cuenta de cómo lo procesas todo, y esa clave siempre está firmemente bajo tu control.

LAS REGLAS DEL PENSAMIENTO Y LA FORMA

Echa un vistazo a todas las cosas que son importantes para ti, empezando por tus seres queridos. ¿Puedes entender que la única manera de poder experimentarlos en el momento es a través de tu mente? No puedes hacerlo de ninguna otra manera. No puedes ponerte detrás de sus ojos y ser ellos. Esta es la limitación de la forma. Cualquier experiencia externa solo puede hacerse a través del pensamiento.

Ahora considera todas las cosas que quieres acumular. Verás que ellas también solo existen en tu pensamiento. No puedes *ser* un diamante o una casa nueva. Puedes experimentarlo, pero en realidad no puedes tenerlo ni ser su dueño. Solo puedes hacer algo con ello en tu mente.

Los únicos límites o fronteras que existen son los de la forma. Mientras creas que eres una forma, siempre vas a tener límites y obstáculos. Alguien me preguntó una vez: "¿Cuáles son los obstáculos para que yo alcance la plena felicidad?" Yo repliqué: "La creencia de que tienes que tener obstáculos". Eso es todo.

En otras palabras, cualquier cosa en la que puedas pensar puedes conseguirla. Un pensamiento es algo que, si lo mantienes adecuadamente en tu mente y empiezas a vivirlo, finalmente eso que estás imaginando para ti mismo tiene que manifestarse. Hablaremos de esto más adelante en este libro, pero, de momento, entiende que la conexión entre pensar y crear algo para ti mismo no es algo místico y misterioso. Puedes aprender a optimizar este patrón vibracional que llamamos pensamiento, que es instantáneo. Puedes literalmente hacer que ocurra cualquier cosa que quieras mediante tu capacidad de pensar. Puedes llegar al punto en el que entiendes *Yo no tengo límites, porque puedo pensar cualquier cosa que quiera.*

Como ves, hay reglas nuevas. Tomemos el vínculo entre causa y efecto, que es muy importante para la forma: tú haces esto y causa aquello. La forma física se ve alterada por esto y aquello. Bien, en el pensamiento no necesitas tener causa y efecto. Si estás haciendo algo en el pensamiento, y quieres cambiar ese pensamiento por algún otro, lo haces. Si ahora mismo estás en Estados Unidos y quieres estar en Afganistán, simplemente vas allí. No tienes que volar, montarte en un barco ni conducir: vas allí con el pensamiento.

En el proceso de despertar, empiezas a ver todo y a todos en el universo desde este lugar sin límites. Miras todas las cosas que tantas ganas tenías de poseer y te dices a ti mismo: *Si está en mi vida, bien; si no, también bien.*

Te preguntas cómo es posible que las cosas que te inquietaban hace unos años pudieran haberte molestado. Y en cuanto a las cosas que te inquietan ahora, dentro de unos años mirarás atrás y te preguntarás cómo fue posible que eso formara parte de tu vida. Por ejemplo, ahora podrías tener relaciones que te hagan pensar: *Oh, ¿cómo voy a poder salir de esta? ¡Simplemente no lo sé!* Pronto mirarás atrás hacia esas relaciones y pensarás: *¡Vaya! Gracias a Dios que no estaba formado, y que he sido capaz de volver atrás y salir del lugar donde estuve esa temporada.*

SOLO EXISTE EL AHORA

Aunque todo lo que te ha ocurrido hasta ahora está en el reino del pensamiento, es muy real para ti. Si bien no puedes tocar ni tener nada de ello, ciertamente puedes ponerte muy emocional al respecto.

Es fundamental entender este punto: *toda la experiencia de tu pasado hasta este mismo segundo está, toda ella, en tu pensamiento y nada más*. ¿Qué sentido tiene lamentarse, sentirse desdichado o sentir culpa con respecto a algo que es puro pensamiento? Lo que quiero es que te imagines que yo te dijera: "Sintámonos culpables por el resultado de las Guerra del Peloponeso. Sintamos, tú y yo, algo de culpa".

Te echarías a reír y dirías:

—Eso ocurrió hace casi tres mil años, ¿qué me estás diciendo?

—Bueno, mira cómo fueron tratados los espartanos, no fue agradable —diría yo—. Los atenienses no deberían haber hecho lo que hicieron. Simplemente fue horrible. ¿Podríamos cambiarlo sintiéndonos culpables?

Probablemente tú dirías:

—¡Por supuesto que no! Está completamente acabado.

En realidad, esta mañana está tan acabada como las Guerras del Peloponeso. Y como nos enseñó Einstein, el tiempo no sigue en absoluto un marco lineal. Este concepto del tiempo es algo que nosotros hemos inventado.

Y en cuanto a lo que te va a ocurrir a partir de este segundo, entiende también que no es nada más que puro pensamiento: no puedes tocar el mañana. No puedes aferrarte a tus objetivos. No puedes tomar el BMW que tendrás mañana y conducirlo hoy. Todo eso es pensamiento.

Sin embargo, también puedes tener la experiencia, dentro de tu forma, a través del pensamiento. Si todo tu pasado y todo tu futuro son pensamientos, lo único que eso te deja es el ahora. Entonces, ¿por qué elegirías dedicar este momento a algo como la culpa, o rumiando cosas que ya han ocurrido?

Oirás decir a los psiquiatras que algunas personas "viven en el pasado". Pero nadie puede vivir en el pasado: solo podemos vivir en el ahora. Asimismo, la gente dice: "Me preocupo porque vivo en el futuro". Pero *no* están viviendo en el futuro: están usando este momento para dejarse consumir por algo que podría ocurrir o dejar de ocurrir después, y sobre lo cual no tienen control. Lo más sensato es liberarse de eso. Podrías preguntar cómo, y en realidad la respuesta es muy simple: simplemente hazlo. Eso es todo. Si sentirte culpable no hace nada por corregir aquello por lo que te sientes culpable, deja de hacerlo.

Si crees que no puedes controlar tus pensamientos —es decir, si crees que alguien más lo hace— entonces quiero que averigües quién está poniendo esos pensamientos en tu mente y que me envíes a esa persona. Yo la trataré y tú mejorarás. Obviamente, ¡la cosa no funciona así!

Lo que necesitas es poder decir: "Ocurrió. Se ha acabado. Lo he resuelto. Quiero estar allí en el estado mental adecuado, no quiero estar enfadado. Saquemos el enfado fuera. No quiero que esté allí". Sin embargo, en tal caso, muchos terapeutas podrían replicar:

—Eso no es saludable porque en realidad no estás lidiando con el enfado.

Yo no creo que tengas que lidiar con las cosas todo el tiempo para demostrar que estás sano. Imagina que hay una gran pila de excrementos de vaca en la calle. Algunas personas dirán: "Puedo con ello, voy a caminar justo por medio". Para mí eso es una locura. Una persona saludable diría: "No, no tengo que lidiar con eso. Voy a rodearlo". Y eso es lo que haría.

Tienes que dar rodeos a muchas cosas en tu vida, incluyendo tus propios pensamientos cuando no te sirven. ¿Cómo se hace esto? Bueno, simplemente hazlo. *¡No pienses más de esa manera!*

¡PUEDES HACERLO!

Pregúntate si tu vida te está sirviendo. Si lo hace, genial. Pero, ¿qué pasa si estás lleno de desdicha e infelicidad, deprimido, siempre persiguiendo deseos sin sentirte nunca satisfecho, a menudo enfadado, dejando las cosas para mañana, lleno de culpa o en cualquier otro de este tipo de estados? Si es así, te recomiendo que veas la ilusión que eso contiene.

Simplemente toma distancia y, en un pequeño rincón de tu conciencia, dite a ti mismo: "En realidad, no importa si cumplo el plazo de entrega o no. Ya me he puesto en este escenario. Este es el rol que he elegido, puesto que estoy aquí. Debe haber alguna razón por la que lo sigo eligiendo. Voy a hacer este papel, pero nunca voy a dejar que me destruya ni que me confunda en modo alguno. De modo que, en cuanto empiece a caer en muchas conductas de tipo A debido a los plazos de entrega, o me sienta molesto porque los vecinos tienen algo que yo no tengo, o cualquier cosa así, me detendré y me preguntaré: "¿Por qué estoy haciendo esto?" En cualquier caso, no puedo ser dueño de nada. No puedo llevarme nada conmigo. Lo único que tengo es el ahora. Lo único que puedo hacer con este momento es vivirlo y disfrutarlo".

Cada vez que te encuentres deslizándote hacia atrás, creyendo que las cosas que estás intentando acumular o hacer son muy importantes, detente. Vuelve al ahora. Repasa los movimientos sin dejarte destruir por ellos. Esta es la clave.

Recuerdo que hace años vino a mi consulta una mujer concreta pidiendo ayuda. Había estado en terapia durante años porque se mordía las uñas. ¿Te lo puedes imaginar? Esta señora llevaba guantes dondequiera que fuera para no morderse las uñas.

Me dijo que había practicado el psicoanálisis clásico, en el que había aprendido que todo tenía que ver con las etapas del desarrollo psicosexual. Su psiquiatra la había convencido de que el hecho de que se mordiera las uñas, entre otras tendencias neuróticas, no tenía nada que ver con ella. Le dijo:

—Estás fijada y tienes un complejo de Electra sin resolver. Tienes que resolver tus sentimientos hacia tu padre y hacia tu madre. Tu problema es una manifestación de alguna envidia subliminal: simbólicamente, en realidad, estos no son tus dedos.

Yo le pregunté:

—¿Para qué has venido a verme? Lo que yo creo es totalmente opuesto a eso.

—Mi hermana vino a verte hace unos dos años y en cuatro semanas se curó —dijo ella.

—No sé si puedo hablar contigo durante cuatro semanas. Ya me siento aburrido con tus uñas.

Ella sonrió y yo continué:

—Pero voy a verte. Te veré tres veces y después estarás curada.

Ella me pidió que se lo repitiera y yo le dije:
—Sí, tres veces. Y entre ahora y cuando nos volvamos a ver puedes hablar de ello todo lo que quieras y analizarlo. Solo hay una cosa que no puedes hacer.
—¿Qué es?
—Tienes que mantener los dedos fuera de la boca.
Ella empezó a ponerse muy nerviosa. En cuanto se puso nerviosa, por supuesto, ya no importaba si tenía una fijación oral o un complejo de Electra, las manos se le iban a la boca. De modo que le dije inmediatamente:
—Sácate los dedos de la boca.
Y fui a agarrarle la mano. Ella dijo:
—¿Sabes? Nadie me lo había explicado así antes.
—El hecho es que por más que analices el problema, por mucho que hables de él, si vas a dejar de morderte las uñas, tienes que sacarte los dedos de la boca —le dije—, no hay otra manera. Honestamente, puedes *intentarlo* eternamente, pero si te llevas los dedos a la boca, seguirás mordiéndote las uñas pase lo que pase.
¿Y sabes qué? Las respuestas a casi todo son así de simples. Se me acusa continuamente de ser simplista, y creo que hay mucha gente que prefiere hacer las cosas complicadas. A mí me gusta tomar cosas complicadas y hacerlas tan simples como sea posible. Después de verme tres veces y de mantener los dedos fuera de la boca, en efecto, esa mujer dejó de morderse las uñas.

Piensa en si quieres hacer una de las cosas que a la gente le resulta más difícil: dejar de fumar. Bueno, puedes decir de ti mismo que eres una persona oral. Puedes ir a una clínica y probar todas las medicinas, todas las modas. Puedes hacer un agujero a todos tus cigarrillos y producirte gradualmente una hernia por el esfuerzo de chupar con fuerza para poder dar una calada. Puedes hacer una serie de cosas, pero, en último término, la única manera de dejar de fumar es dejar de llevarte los cigarrillos a la boca, cada día. No hay otra manera. Cuando se me pregunta cuál es el secreto de dejar de fumar, yo digo: "Solo por el día de hoy, no te lleves más cigarrillos a la boca".

Tu primera reacción podría ser de incredulidad: "¿Cómo voy a hacer eso? ¿Y qué pasa si siento el impulso?"

"No hay ningún impulso ahí fuera. En realidad, eres tú diciéndote a ti mismo: 'Esto es demasiado duro, no quiero hacerlo'. ¡Deja de hacer eso!"

Asimismo, deja de decirte a ti mismo: "Esto es lo más duro que he hecho nunca", o incluso, "esto es lo más fácil que he hecho nunca". Lo único que no puedes hacer es llevarte un cigarrillo a la boca. Sigue esta única y simple regla, y serás un ex fumador: es así de simple. Así es como funciona. De hecho, solo funciona de esta manera.

Recuerda, puedes ser cualquier cosa, puedes hacer cualquier cosa, puedes ir a cualquier parte. Puedes aprender a observar que tu forma pasa por todo tipo de cosas. Pero la parte Divina de ti, el tú *real*, da un paso atrás y dice: "Estos son los movimientos por los que estoy pasando, pero en realidad esto no soy yo. Yo soy mucho más grande y grandioso que todo eso". Miras tus relaciones, y te das cuenta de que prácticamente todo aquello por lo que peleas ni siquiera es real para ti. Lo que es real es tu manera de pensar, aquello que te llena. Si solo tienes pensamientos de armonía, facilidad, serenidad y amor, entonces tendrás todo eso para dárselo a los demás.

Cuando conectas con esta parte de ti que está verdaderamente despierta, ves la perfección detrás de todo lo que estás haciendo. Nunca vuelves a preocuparte por que tu forma se esté desgastando, ni porque vas a morir, ni por ninguna otra de estas cosas. Sabes que el pensamiento es una energía interminable que sigue adelante indefinidamente. Y, sobre todo, sabes que eso es quien tú eres: no una forma en constante cambio que envejece, sino eso que es eterno e inmutable.

CAPÍTULO 3

ENFÓCATE EN EL GRAN CUADRO

Recuerdo que estuve en un vuelo en el que el personal era muy servicial y hacían todo lo posible por reconfortar a otro pasajero que estaba en dificultades. El avión no estaba en peligro, de modo que yo me sentía anonadado por el inmenso miedo que él tenía de que fuéramos a chocar. Cuando estás verdaderamente despierto, la muerte no es algo que te atemorice. Sabes que todas las cosas están siempre en transición: esa es la naturaleza de nuestro universo.

He descubierto que la mayoría de las personas que tienen experiencias cercanas a la muerte suelen decir cosas de este estilo: "Me enseñó la lección más valiosa de mi vida, que es que tengo que darlo todo cada día".

El problema es que no debería hacer falta tener un encontronazo con la muerte para hacer algo tan natural, tan básico, y tan simple como vivir tu vida tal como quieres vivirla, sin tener que rendir cuentas a ninguna otra persona. Así, en lugar del viejo eslogan: "Hoy es el primer día del resto de tu vida", integra la idea de que: "Hoy es el último día de tu vida, de modo que vívelo como si ya no tuvieras más".

Lo cierto es que no sabemos cuánto tiempo vamos a tener. El pasado ha terminado para todos nosotros. A nadie se le promete el futuro. Lo único que tenemos es el ahora, y la mayoría de nosotros conocemos a alguien que falleció en un accidente tonto, que cayó muerto por un ataque al corazón, o que murió joven. Todos y cada uno de nosotros vamos a tener que afrontar un último día, y no podemos predecir cuándo ocurrirá. La muerte es una parte tan importante de la existencia como la propia vida. Sin embargo, nos cuidamos mucho de no contar chistes sobre la muerte, o de no hacer un comentario espontáneo sobre alguien que ha muerto recientemente, o cosas así. Ojalá pudiéramos llegar al punto de ver la muerte solo como otra transición, en la que abandonamos esta dimensión en la que vivimos y entramos en otra nueva. Ojalá pudiéramos entender que, de hecho, ¡somos multidimensionales! Entender esto y vivir la vida en estos términos puede ser la cosa más liberadora, emocionante y estimulante que lleguemos a hacer.

LA ESENCIA MISMA DE QUIENES SOMOS

Una de las comprensiones más asombrosas que he tenido se produjo cuando murió mi abuela. Cuando fue admitida en el hospital, una de las cosas que hicieron, por el motivo que fuera, fue pesarla. Supongo que tenían que tener ese dato en sus registros, o tal vez no llegues al cielo sin un certificado que indique cuánto pesas. No sé para qué quieren los hospitales todos esos registros. Siempre me pregunto por toda la gente que murió antes de que tuviéramos registros. ¿Qué fue de ellos?

En cualquier caso, mi abuela tenía 95 años y pesaba sesenta kilos cuando entró en el hospital. Sabíamos que estaba muy cerca de la muerte, y observamos cómo la vida literalmente abandonó su cuerpo. Entonces su paquete —los huesos, la piel y el pelo, todo ese envoltorio que ciertamente no era mi abuela— se quedó frío y rígido. Volvieron a pesarla para el certificado de defunción, y pesaba 60 kilos, exactamente lo mismo. De modo que cualquier cosa que fuera lo que constituía su vida, su esencia misma, era invisible e ingrávida. No podía ser pesada ni medida. Esto es cierto para todos y cada uno de nosotros. Aquello que es la esencia de nuestra vida desafía el mundo de las formas, y sin embargo pasamos tanto tiempo y consumimos tanta energía aquí, en esta parte de nuestra conciencia, que creemos que esto es lo que somos.

Esto me hace pensar en el sexto presidente de Estados Unidos, John Quincy Adams. Era un hombre muy espiritual y muy inteligente. Creo que probablemente tenía el intelecto más agudo de todos los presidentes que han ocupado la Casa Blanca. Por ejemplo, él rechazaba la esclavitud mientras muchos de sus contemporáneos la practicaban. Esto es lo que escribió acerca de sí mismo en una carta a un amigo, pocos días antes de morir:

John Quincy Adams está bien, pero la casa en la que vive actualmente se está quedando en ruinas. Sus cimientos están hechos girones. El pasar del tiempo y las estaciones casi la han destruido. El tejado está muy desgastado. Las paredes, resquebrajadas, tiemblan con cada viento. Creo que John Quincy Adams pronto tendrá que mudarse. Pero él mismo está muy bien, gracias.

Cuando entendemos que nosotros no somos las "casas" que ahora habitamos —es decir, nuestros cuerpos—, temer a la muerte se vuelve imposible. Después de todo, sabemos que no podemos matar los pensamientos, porque los pensamientos son energía. No podemos matar los sentimientos, que son el resultado de los pensamientos. También hemos establecido que nuestros cuerpos cambian de forma continuamente, pero nosotros, como seres humanos, somos nuestro proceso mental. Lo que somos procede de cómo pensamos y procesamos el mundo, más que de cómo toman forma nuestros cuerpos (y, finalmente, de cómo pierden su forma). Cuando estamos despiertos, miramos a la muerte como algo absolutamente necesario que no hemos de temer.

Solo tienes miedo de aquello que no afrontas, y lo que no afrontes te controlará. Si tienes el coraje de afrontar el miedo a la muerte, llegarás a entender que todo lo que experimentas en la vida es una imagen mental. Yo nunca podría mirar y ver el mundo tal como lo ves tú. Yo nunca podría ser tu hígado o tu riñón, por más que me importes. Yo no puedo ser el proceso que tú eres. Y tú empiezas a ver que tampoco eres ese hígado o ese riñón; tú eres tu aproximación perceptual única a todas las cosas de la vida. Tú eres tus pensamientos, y estos no mueren nunca. De hecho, nada de lo que tiene vida en ello, de lo que tiene esa inteligencia, esa perfección en ello, muere. Simplemente está en transición.

Volviendo al tema de mi abuela, yo sé que no hay nada que pueda matarla nunca. Yo sé que la esencia de mi abuela no puede haber muerto. Todas las cosas que acumuló y necesitó, y tuvo que hacer en esos 95 años —que ahora ella podía ver desde otro nivel de conciencia—, era todo una ilusión. Todo eso eran *cosas* por las que ella pasaba, y que ella misma estaba creando en otra dimensión.

Como he dicho, somos seres humanos multidimensionales. Una de las dimensiones que experimentamos es la forma, pero también hay muchas otras dimensiones en nosotros. Trata de imaginar eso. Si no puedes —si te resulta demasiado lejano, metafísico, filosófico, demasiado difícil de entender— tal vez te sorprenda descubrir que ya has experimentado esto durante un tercio de tu vida.

ABANDONAS TU FORMA CONSTANTEMENTE

La gente a menudo me pregunta:
—¿Dónde crees que vamos cuando morimos?
—¿Dónde vas cuando duermes? —respondo yo.
En otras palabras, ¿qué es lo que hacemos cuando vamos a dormir? Salimos de esta dimensión llamada forma y vamos a la dimensión sin forma. Estamos todo el tiempo en el pensamiento puro, y todo está bien. Ninguno de nosotros tiene problemas con el tránsito de la vigilia al sueño, y no despertamos diciendo: "¡Vaya! ¡Tenía mucho miedo porque estaba en un sueño y me iba a quedar allí!"

Déjame que te cuente qué reglas son diferentes cuando estás dormido y en la no forma: no hay principio ni final. No hay causa o efecto. No hay tiempo. No hay vida ni muerte. Por ejemplo, puedes haber tenido la experiencia de estar dormido y de sentir la presencia allí mismo, contigo, de un ser querido ya fallecido. O en tus sueños puedes haber experimentado ser más joven de lo que eres. Si vuelves a tener 18 años, tienes el aspecto y sientes que tienes 18 años, ¿cierto? Yo suelo tener un sueño horrible de que estoy en la Marina, y se han olvidado de la fecha en que me licencio. No consigo que nadie reconozca que ya he cumplido mis cuatro años de servicio, de modo que ya me puedo licenciar. Tengo que ir a casa, tengo que ir a la universidad, casarme, tener hijos y seguir con mi vida, pero todo el mundo me dice: "No puedo encontrar tus datos". ¡Es tan vívido!

En ese tercio de tu vida no hay tiempo ni espacio, no hay límites de ninguna clase, aunque es muy real. Los pensamientos que tenemos afectan drásticamente a nuestros cuerpos, y en ese tiempo trascendemos nuestra forma. Una de las razones por las que soñamos es para aprender que todos los obstáculos con los que nos topamos son oportunidades. En nuestros sueños, creamos todo lo que necesitamos.

Imagina que hace un día precioso, tú vas conduciendo y de repente se acaba la carretera y hay un precipicio. ¿Qué haces? De algún modo despliegas unas alas. Piensas: *Voy a volar sobre esto*, y eso es exactamente lo que haces. Al afrontar ese obstáculo creas lo que necesitas. Si estás debajo del agua y tienes que permanecer durante mucho tiempo, no hay problema: simplemente desarrollas unas agallas y te quedas allí.

El sueño es una de las maneras de empezar a gestionar otro nivel de conciencia, porque, cuando te vas a dormir, entras en un reino nuevo. Cuando sueñas, vives en otro mundo, un mundo de puro pensamiento. Puedes hacer cualquier cosa y creas todo lo que necesitas. No dices: "Oh, no tenía cuerpo. Eso ha sido una ilusión". Porque si alguien viene hacia ti con un cuchillo, aunque sea un sueño, tu reacción es real. Cuando despiertas, tu corazón palpita acelerado, pero también puedes mirar atrás y decir: "Eso era una ilusión; no había nadie con un cuchillo".

La experiencia que estás soñando puede manifestarse de muchas maneras en el cuerpo. Un fenómeno interesante que demuestra este concepto recibe el educado nombre de polución nocturna. Esto me resulta muy fascinante, porque uno pensaría que para tener una experiencia sexual necesitaría mantener algún tipo de contacto físico. Pero cuando tienes esta experiencia estás dormido; está ocurriendo exclusivamente en el mundo del pensamiento, aunque sus efectos puedan verse en el mundo de la forma. De hecho, incluso cuando dos personas están teniendo un verdadero encuentro sexual, todo sigue estando en el pensamiento. El órgano sexual más grande que tenemos es nuestro cerebro. *Todo se hace a través del pensamiento.* Si no puedes pensarlo, si no puedes formar la imagen, no puedes hacer que ocurra. De modo que la danza de la vida solo es posible a través del pensamiento. Es decir, el pensamiento es el material mismo de la vida.

LOS NIVELES DE CONCIENCIA

Existen diferentes niveles de conciencia, y pueden visualizarse como una escalera con tres peldaños: el peldaño más bajo de la escalera es la conciencia de sueño. A continuación, el peldaño siguiente es la conciencia de vigilia, esa en la que estamos la mayor parte del tiempo. El peldaño final es otro nivel de conciencia situado más allá de la conciencia de vigilia, y por ahora lo designaremos con un interrogante.

Cuando era niño tuve algunas experiencias extrañas en el peldaño más bajo de la escalera, porque la gente podía hablarme mientras yo estaba soñando. Mis hermanos solían pedir a mi madre o a otros miembros de la familia que vinieran a ver lo que ocurría. Decían: "Mira a Wayne". En una ocasión, mi hermano mayor, Jim, me dio una sábana y me dijo: "Vas a ir a la escuela, Wayne. Aquí tienes tu camisa. Venga, vamos". Yo intentaba meter el brazo en la sábana, que por supuesto no tenía agujero para el brazo, de modo que seguía intentándolo a lo loco. Jim decía a nuestra madre: "Míralo; piensa que se está vistiendo".

En otra ocasión soñé que estaba limpiando la nieve de la entrada. Y pregunté en voz alta:

—¿Dónde está mi pala?

—Aquí está tu pala Wayne —dijo Jim—. Tómala.

Él estaba en el segundo escalón, la conciencia de vigilia, hablándome a mí, que estaba soñando. Yo estaba en otro nivel de conciencia, de modo que el sueño era real para mí. Mientras mi hermano cooperaba conmigo y pretendía estar conmigo en el sueño, yo seguía soñando. Pero si él hubiera dicho: "Estás loco, estás soñando, simplemente despierta", yo habría entrado más profundamente en mi inconsciencia, o habría salido de ella y me habría dado cuenta de que no había ninguna pala. Por supuesto, esto es lo que acabó ocurriendo: desperté y volví a preguntar:

—¿Dónde está mi pala?

—Oh, estás despierto —dijo Jim.

Me di cuenta de que no tenía la pala, pero había tenido la *experiencia* de tenerla. Todo ello parecía increíblemente real.

Solo sabes que has estado soñando cuando despiertas. De modo que tienes que despertar para saber que lo que estabas haciendo solo era una ilusión. Esa es la diferencia entre el nivel de la conciencia de sueño y el nivel de la conciencia de vigilia. Lo que sugiero es que, para pasar de un nivel de conciencia a otro, haces que alguien que esté ahí, en el segundo escalón, baje y pretenda estar contigo en el primer escalón.

Ahora llegamos al tercer escalón, el que tiene el interrogante. ¿Qué es ese nivel de conciencia y en qué sentido es diferente? Creo que si alguien de ese nivel de conciencia quisiera que supiéramos lo que es posible para nosotros en ese nivel superior con respecto al que estamos viviendo ahora, tendría que estar aquí, entre nosotros. Tal como mi hermano me hablaba desde su conciencia de vigilia a mi conciencia de sueño, esa persona pretendería estar con nosotros en el sueño. Alguien de ese otro nivel de conciencia nos mostraría que no tenemos que vivir esta ilusión, y después se iría a otra dimensión.

Creo que esto es lo que hacen las personas altamente espirituales: ven claramente la ilusión. Ellas saben que la *experiencia* de la ilusión es real, pero, de hecho, no puede serlo. Nosotros no podemos ser dueños de nada, no podemos tener las cosas, poseerlas.

Ahora mismo hay muchas personas altamente espirituales en el planeta que entienden este nivel de conciencia más elevado. Nos van ayudando mientras intentan que veamos que hay un lugar más elevado al que podemos acceder. Ese lugar más elevado no es forma; es transformación. Cuando entendemos esto, podemos entrar y salir de esa dimensión siguiente... y después de la siguiente... y la siguiente...

CREAS TODO LO QUE NECESITAS

Cuando era niño, me di cuenta de que la pala que me habían dado era una ilusión, pero mi experiencia de ella fue muy real. Creo que cuando muramos y abandonemos nuestra forma, nosotros también seremos capaces de mirar atrás y ver que todo lo que hemos acumulado y a lo que nos hemos aferrado es ilusorio: todas nuestras "palas", el dinero y las cosas que no podemos llevarnos con nosotros; y entenderemos que creamos todo lo que sentimos que necesitábamos en el nivel donde estamos ahora. Nosotros lo creamos todo. Si necesitábamos un compañero con el que luchar cada día, eso fue lo que creamos. Si necesitábamos pobreza por algún motivo, eso fue lo que creamos.

Para mí, esta es la esencia de la vida. Sé que existen dimensiones superiores con respecto a este nivel de conciencia de vigilia en el que vivimos. Sé que puedo vivir la ilusión y disfrutar de todo ello, hacer que todo funcione para mí. Creo cualquier cosa que necesito. Si necesito tener una casa llena de niños, la creo. Si necesito tener una experiencia de perder las llaves, también la creo. He creado todo lo que ocurre a fin de hacer que este nivel de conciencia funcione.

Ahora, supón que te vas a dormir y sueñas que tienes mucho dinero y todo lo que alguna vez quisiste. Después despiertas, pero sigues estando apegado a las cosas que tenías en el sueño: "Espera un momento, yo quiero eso. Allí tenía oro, tenía muchos amigos, tenía un Ferrari. ¡Tengo que tener todo eso ahora!" Entonces alguien vendría y te diría: "Lo siento. Eso ha sido un sueño. No puedes estar apegado a las cosas del sueño; solo fue un pensamiento que tuviste". Bueno, así es como has de ver la vida. En lugar de estar en un sueño de ocho horas, estás en un sueño de ochenta años, de noventa años. Al final del sueño no quieres mirar atrás, a todo eso que deseas seguir teniendo. Como *no puedes* poseerlo, en realidad nada de ello llegará nunca a ser verdaderamente tuyo.

Por más absurdo que te parezca estar apegado a las cosas que tenías en el sueño, es igualmente absurdo estar apegado a las cosas que tienes en *este* sueño. De hecho, cuando llegues a un nivel más alto, volverás la vista atrás, a todo esto, y te preguntarás: "¿Para qué necesitaba todas esas cosas?"

Existe un lugar en nuestra conciencia de vigilia que es similar a nuestra conciencia de sueño, un lugar en el que no hay nada que nos limite. Este es el estado del *soñador despierto*. Nosotros no somos los cuerpos que paseamos por ahí, ni nuestras posesiones, que solo son cosas que hemos creado porque las necesitamos para el sueño. Sí, en este sueño también creamos las cosas que necesitamos. El problema es que no queremos llamarlo sueño porque es muy real. Sin embargo, eso es exactamente lo que es.

Tal vez hayas tenido una experiencia parecida a esta: estás teniendo un sueño genial cuando te despierta algo de otra dimensión —suena una campana, de repente se cierra una puerta, suena el teléfono o cualquier otra cosa— y tú, medio despierto, vuelves a tu forma. Abandonas el pensamiento puro y todas las cosas geniales que puedes crear, y te dices a ti mismo: *Quiero volver a dormir para poder descubrir cómo acaba este sueño.*

Cuando explico esto a mis audiencias, les pregunto: "¿Qué está pasando aquí? Si tú estás creando el sueño, entonces, ¿para qué necesitas volver a dormir para averiguar cuál es el desenlace? ¡Tú eres el que está escribiendo la historia!" Es como si yo me sentara a escribir una historia y me preguntara cómo va a acabar. Si me preguntaras quién está escribiendo esta historia, yo te contestaría: "La escribo yo". Entonces dirías: "Vale, si la estás escribiendo tú, deberías saber cómo acaba". Y yo diría: "Sí, lo tengo todo perfilado, de modo que supongo que sí, sé cómo va a acabar". Si estoy escribiendo la historia, puedo crear el argumento que quiera.

Así, ¿cómo explicas lo que ocurre cuando intentas volver al sueño? Si no eres tú, ¿quién está escribiendo el guión? Bueno, has entrado en una nueva dimensión que tiene reglas distintas, y ahora, en ella, desempeñas otro papel. Has entrado en otra dimensión que ya ha sido escrita, y esto es algo que haces continuamente: esta maravillosa dimensión del pensamiento está ahí para ti.

¿Se te ha ocurrido alguna vez que estás creando todo lo que necesitas para *este* sueño? ¿Se te ha ocurrido que cuando finalmente abandones tu forma, vas a mirar atrás y ver que el apego que tienes a todas tus cosas es tan ilusorio como el cuchillo que aquel tipo tenía en tu otro sueño? Sin duda es real mientras lo estás experimentando, pero cuando lo miras desde un punto de vista transformado, no existe. Cuando hayas despertado lo entenderás: te darás cuenta de que todo esto es un sueño.

Todos nosotros tenemos roles que desempeñar: yo soy un Wayne Dyer de alquiler. Tu puedes ser una Marjorie de alquiler, o una Sally de alquiler, o un Jorge de alquiler. Pero cuando estamos verdaderamente despiertos, nos damos cuenta de que solo son papeles, ilusiones. Esto no significa que no los disfrutemos. ¿Por qué no disfrutar de nuestro sueño? Después de todo, estamos creándolo.

Si tu sueño no te resulta satisfactorio o gratificante, puedes hacer que lo sea. El único requisito es cambiar tus pensamientos, porque eso es todo lo que eres. De modo que puedes observarte a ti mismo como si fueras un actor. Podrías decir: "Vaya, esta mañana he hecho algo muy extraño y estúpido. Creo que ya no lo voy a hacer más". Das un paso atrás y te ves a ti mismo hacer todas estas cosas, sabiendo que tu Divinidad, quien realmente eres, está más allá de lo que hace tu forma. Cuando entiendes eso, el resto del sueño se convierte en lo que tú quieres que sea. Recuerda, puedes crear cualquier cosa que quieras ahora para el sueño, y lo haces a través del pensamiento.

EL CAMINO HACIA EL ENTENDIMIENTO

La trascendencia última de nuestra forma es lo que denominamos muerte. No pretendo tener la clave de los grandes misterios del universo, pero no tengo ningún miedo a la muerte porque sé que no es posible matar el pensamiento. Nosotros somos pensamiento; el pensamiento nunca puede ser destruido. Por lo tanto, nosotros nunca podemos ser destruidos. El pensamiento es la vibración última del universo, y sigue adelante por siempre. Es algo sin fin.

Todo está programado en una simple y pequeña gota de protoplasma, todo lo que alguna vez vas a necesitar, durante toda tu vida, es esa forma en la que estás. Todo ello es un misterio, y, mientras estamos soñando, es ilimitado. Lo que puedes hacer mientras sueñas no tiene límites. Puedes ser cualquier cosa, puedes hacer cualquier cosa, puedes ir a cualquier parte, puedes tener cualquier edad, y es muy real. Lo experimentas de manera muy dramática. Nunca tienes miedo de ir a dormir; entonces, ¿por qué tener miedo de este cambio de forma? Simplemente es parte de cómo son las cosas.

Todo lo que ocurre es lo que tiene que ocurrir. Incluso nuestro deseo de erradicar las cosas que consideramos desagradables forma parte del plan Divino: esto es parte de la paradoja que tienes que entender. F. Scott Fitzgerald escribió un ensayo maravilloso que decía algo así como que la forma más elevada de inteligencia que puedes alcanzar es cuando eres capaz de tener presentes a la vez dos conceptos contradictorios. Él explicó que, dentro del contexto de este universo perfecto, es perfectamente legítimo pensar que no hay ninguna esperanza en todas las cosas de aquí y, sin embargo, al mismo tiempo, tener esperanza. Saber que hay personas que están muriendo de hambre y al mismo tiempo tener la determinación de hacer algo al respecto. Y la razón por la que creo que lo que decía es verdad —que esta contradicción es el lugar más elevado al que has de llegar— es que cada uno de nosotros también es una paradoja.

Vivimos con dos conjuntos de reglas diferentes: vivimos en la forma, que tiene sus propias reglas, y vivimos en la no forma, que tiene otro conjunto de reglas completamente distinto. Estamos en este paquete del uno, pero siempre está presente el dualismo. Simplemente tenemos que permanecer enfocados en el gran cuadro, en el cuadro mayor.

El camino hacia la comprensión del cuadro mayor es diferente para cada cual, pero es algo que está a nuestra disposición. Cuando hablo del cuadro mayor me refiero a saber en tu corazón y en tu alma que en la vida hay algo más que aquello por lo que está pasando tu cuerpo ahora mismo, y saber que no hay nada por lo que valga la pena sentirse tenso, preocupado y deprimido. Tienes una nueva inteligencia. Darte cuenta de esa nueva inteligencia puede alejarte del miedo a la muerte y dirigirte hacia el pleno potencial de felicidad y realización que está dentro de ti. Lo sabes todo y ves todas esas cosas.

Si te hace falta tener un encontronazo con la muerte para poder captar ese cuadro mayor —para que puedas relajarte en medio del conflicto, para no permitirte estresarte por pequeñas cosas, para disfrutar de tus momentos presentes y encontrar plenitud y alegría en ellos— entonces ten esa experiencia cercana a la muerte, pero tenla solo en tu mente. Una de las maneras de lograr esto es a través de la meditación; otra es a través de la visualización.

Imagínate participando en tu propio funeral. Contémplate a ti mismo sufriendo y muriendo de una enfermedad horrible. Pasa por ello. Experimenta todo eso, y a medida que lo experimentes, este concepto surgirá de manera natural para ti: *Esto no tiene que ser llevado a la forma... puedo representarlo en mi mente como un sueño, vivirlo, llegar realmente a sentirlo, y después decidir que ya no tengo que pasar por esto en mi forma. Puedo tomar la decisión de no hacerlo.*

Está bien hacer cualquier cosa que necesites hacer. Lo único que estoy diciendo es que no tienes que pasar por ello en el mundo de la forma, en el mundo físico. Puedes transformarte, ir más allá de tu forma. Puedes ser metafísico, ir más allá de lo físico. Experiméntalo en tu mente, donde no hay límites. Puedes estar literalmente en cualquier parte por medio de tus pensamientos. Después, cuando salgas de esa experiencia, date cuenta: *Bien, ya es suficiente. Ahora ya he hecho eso. Déjame practicar con el gran cuadro. Déjame darme cuenta de que en realidad eso no es algo que tenga que traer a mi vida.* Una vez que eres capaz de hacer eso, una vez que puedes crear eso para ti mismo, obtienes todos los beneficios del gran cuadro.

MUERE EN VIDA

Me gustaría compartir contigo un cuento antiguo y maravilloso. Había una vez un cazador que iba a África cada dos años y se llevaba a casa algunos animales capturados. Un año descubrió un enclave dentro de la jungla que estaba lleno de preciosos loros multicolores, y todos ellos hablaban. Él se sintió fascinado, de modo que apresó a uno de los loros y se lo llevó a casa. Cuidaba mucho del loro y le hablaba cada día, pero lo mantenía en una jaula. Transcurrieron dos años y el cazador dijo al loro:

—Voy a volver a África. ¿Hay algo que quieres que diga a tus amigos de la jungla?

—Sí. Diles que soy muy feliz aquí en mi jaula contigo. Simplemente diles eso —dijo el loro.

El cazador volvió al lugar de la jungla donde había capturado al loro dos años antes y dijo a los demás pájaros: "Vuestro amigo, al que llevé conmigo hace dos años, tiene un mensaje para vosotros: que está feliz en su jaula conmigo". Al oír eso, un pájaro que estaba en una de las ramas se desplomó al instante.

Al volver a casa, contó a su loro lo ocurrido. Dijo:

—Fui allí e hice lo que me pediste. Y en el momento en el que les conté lo que tú me habías dicho, aparentemente uno de tus amigos estaba tan molesto y te echaba tanto de menos que cayó muerto.

Al oír eso, el loro, en la jaula, también cayó muerto. Sus patas se quedaron apuntando al aire y se quedó rígido.

El cazador estaba fuera de sus casillas y no entendía cómo podía haber ocurrido aquello. Al poco, sacó al loro muerto de la jaula y lo puso sobre una pila de leña. En cuanto el loro estuvo sobre la pila de leña, salió volando hacia los árboles.

El cazador dijo:

—¿Qué es esto? Pensaba que estabas muerto. ¡Me has engañado!

—Mi amigo me envió un mensaje —dijo el loro—. Me dijo con sus acciones que, para poder escapar de la jaula, tenía que morir en vida.

Esta es una antigua historia que he repetido incontables veces a lo largo de los años, pero, ¿qué significa? Bueno, ¿no ves que todo el planeta es una jaula? Todos vivimos restringidos por las limitaciones que nos impone el hecho de ser seres humanos. Estamos limitados, atascados en nuestros hogares y en nuestros trabajos, todos estamos en jaulas. Aunque tenemos más sitio que el loro para manipular nuestras circunstancias, seguimos estando atrapados.

Ahora bien, ¿cómo escapas de la jaula en la que te encuentras? Tienes que ver el gran cuadro y morir en vida. Todos nosotros vamos a morir, de modo que ¿por qué no experimentarlo anticipadamente? Contémplate a ti mismo fuera de tu cuerpo, te has ido, pero eres capaz de mirar atrás a lo que está ocurriendo ahora. Esto es muy parecido al sueño en el que tienes todo lo que quieres, pero eres capaz de contemplarlo desde una perspectiva mayor. En el proceso, verás la locura, el absurdo de aferrarte a cualquier cosa, de estar apegado a cualquier cosa, de necesitar cualquier cosa, o de decirte a ti mismo que no puedes ser feliz sin algo, sea lo que sea.

En cuanto puedes contemplar esto como un sueño, en cuanto puedes experimentarte a ti mismo como informe y multidimensional, todas las cosas a las que te aferras se vuelven irrelevantes. Ya no son necesarias. Tienes toda una nueva forma de vivir, una nueva manera de ser. Es más tranquila, más fácil, menos exigente, menos dolorosa. Hay menos sufrimiento, porque todo el sufrimiento se despliega en la forma; ahora estás en otro lugar, ya has experimentado eso. Miras atrás y ves el absurdo de todos tus apegos, sabiendo que nunca puedes ser dueño de nada. Y, entonces, digamos que fluyes por la vida. No luchas contra nada, y todo funciona agradablemente, fácilmente, perfectamente.

Procura desapegarte de la necesidad de tener todas esas cosas ahora, mientras estás aquí, mientras estás vivo. Tal vez te sorprenda lo contento que te sentirás cuando te des cuenta de que ya tienes todo lo que necesitas, y no tienes que correr tras ello.

Aquí me gustaría dejar muy claro que cuando digo que tenemos que morir en vida, *no se trata de un acto físico*. Todo esto tiene lugar en la mente. A propósito, cuando las personas están entrenadas en meditación y en convertirse en elevados maestros espirituales y este tipo de cosas, se espera de ellas que hagan este ejercicio de experimentar su propia muerte, para saber cómo es, para sentirla dentro.

Yo aplico este concepto a mi propia vida recordándome que, si el tiempo no existe, un sueño de ocho horas y otro de ochenta años son básicamente lo mismo. También me recuerdo que estar apegado a cualquier cosa —en el sentido de necesitar tenerla, de identificarme con ella y definirme mediante la adquisición, o de definirme por el hecho de llegar a alguna parte, o mediante este tipo de actos— es absurdo desde la perspectiva de cuando ya no estoy aquí, en la forma.

Oí hablar de un filósofo al que preguntaron si Dios existía y si creía en la vida después de la muerte. Él dijo:

—No, yo no creo en la vida después de la muerte, yo la conozco. Sé de manera absoluta que no puedes matar el pensamiento. No puedes matar el espíritu, no puedes matar la conciencia superior que forma parte de la eternidad. Tal como lo universal es eterno, tú también eres eterno.

Yo siento lo mismo: cuando sabes eso, y vives eso, la idea de que muera tu forma te da cada vez menos miedo. De modo que trato de contemplar todo lo que hago desde la perspectiva de ser capaz de mirar atrás y verlo desde el punto de vista de que ya no estoy aquí, desde el punto de estar muerto o mirando atrás a lo que había en mi sueño.

Mientras estás en el sueño, todo lo que estás haciendo es muy emocionante y muy real. No puedes pasar por ello diciendo: "Oh, esto no cuenta". Y cuando estás verdaderamente despierto, no miras atrás y dices: "Quiero recuperar todas esas cosas. Tengo que tenerlas. Si hubiera hecho las cosas de otra manera..." No haces nada de esto. Simplemente pasas al siguiente nivel. Tienes una nueva perspectiva, y esa perspectiva es la de tener un tiempo muy corto y no necesitar nada. Me refiero a que la eternidad solo está a la distancia de una mota de polvo de todos nosotros, y no necesitamos ninguna de las cosas del mundo.

Una vez más, trata de desapegarte ahora para poder fluir, para poder ser parte de esa perfección en lugar de estar siempre preocupándote, sintiendo dolor o enfadado. Todo el sufrimiento se despliega en la forma; en el pensamiento no hay sufrimiento. Un cuerpo puede estar pasando por un montón de dolor, pero quien tú eres no está sufriendo en absoluto. De modo que puedes adquirir esta nueva perspectiva de mirar atrás, hacia todo esto, desde un punto de vista en el que ya no necesitas tener nada ni ser dueño de nada. Sabes que tu humanidad, tu Divinidad, no está en las cosas y en las adquisiciones, está en tu manera de pensar.

EL ÚLTIMO DÍA DE TU VIDA

Volvamos en círculo a la frase: "Hoy es el primer día del resto de tu vida". Me gustaría mucho cambiarla por: "Hoy es el último día de tu vida". ¡Esto sí que es un eslogan! No tienes un "resto de tu vida" que esté garantizado en absoluto. Lo que tienes es el ahora. Tienes que saber que, como dice ese viejo chiste, la muerte es la manera que tiene la naturaleza de decirte que vayas más lento. Seguro que hará eso. Pero, bromas aparte, tienes que mirar las cosas en perspectiva.

La vida misma es algo inacabado. No es que vayas a tenerlo todo organizado en el lugar correcto y después cierras y te vas. No. Dios no te va a decir por la mañana: "Saldrás sobre las 11:30 de la noche. Te unirás a mí esta noche". Y tú tampoco puedes decir: "Espera un momento, Dios. No lo entiendes. He comprado tres botellas de champú. En cuanto consuma ese champú estaré preparado. Y, a propósito, Dios, tengo un montón de filetes en el congelador. Los compré de oferta y ni siquiera los he tocado todavía". No quieres enfadar a Dios en tu último día. Él podría decir: "Ahora será a las 11:20 de la noche, amigo mío".

Te sugiero que adquieras el hábito de decirte cada mañana: "Este es el último día que tengo". Porque, ¿sabes qué? Todos nosotros, en un momento u otro, tendremos que afrontar nuestro último día. Nadie sale vivo de aquí. Y cuando te dices: "Este es el último día de mi vida", adquieres una nueva perspectiva tanto de los mundos de la forma como de los mundos de la no forma. Sabes que la muerte solo es otra transición, en lugar de algo que temer. Digamos que de camino al trabajo entras en un atasco de tráfico. Si sabes que este es el último atasco en el que vas a estar, lo vas a disfrutar a tope. Si esta es la última vez que cruzas el puente, mirarás ese puente con detenimiento. Te presentarás a todos los que estén allí, esperando en la cola diciendo: "Perdona, mi nombre es Wayne Dyer. Me voy esta noche, pero me gustaría decirte cuánto me gusta aquel puente de allí. ¡Es precioso!"

No habrá prisa. Te lo tomarás con tranquilidad y saborearás tu tiempo. Ahora bien, ¿por qué no cultivar esta actitud en todas las cosas de tu vida? Mantenerte enfocado en el cuadro mayor te ayudará a hacer exactamente esto.

CAPÍTULO 4

SÉ AUTÉNTICAMENTE LIBRE

¿Sabías que hay dos tipos de libertad? La primera es del tipo que yo llamo "libertad falsa", y eso es exactamente lo que significa la palabra *falsa*: ficticia, fingida. No es auténtica. No es real. Y, sin embargo, en nuestra sociedad, muchos la persiguen incesantemente.

Algunos de los tipos de libertad falsa más populares proceden de las drogas o el alcohol. La gente toma esas sustancias para sentirse elevada, para sentirse eufórica o para sentir vértigo. Actualmente, tanto las drogas legales como las ilegales están disponibles por doquier. La cosa ha llegado al punto en el que, prácticamente en cualquier metrópolis e incluso en pequeños pueblos de todo el mundo, podemos encontrar generaciones de personas enganchadas a estas sustancias.

La razón por la que esta libertad es falsa es que nunca puedes tener suficiente de ella. Con las drogas, dedicas la mayor parte del tiempo a perseguir los estados elevados. Te sientes eufórico y libre durante un breve tiempo, y a los pocos momentos dices: "Tengo que tomar un poco más de eso".

Obviamente, si fueras realmente libre, experimentarías una sensación de satisfacción en lugar de necesitar más. La prueba de la autenticidad de algo es si necesitas más de ello para seguir sintiéndote libre. Si lo necesitas, entonces no eres libre en absoluto. Esa cosa se ha adueñado de ti y tú eres su prisionero. Tú no la tienes; ella te tiene a ti. No es algo que estás usando; es algo que te está usando a ti. Antes de que pase mucho tiempo, ya la estás volviendo a usar, y otra vez, y otra vez más: nunca tienes bastante de lo que no quieres.

Sí, es paradójico que persigamos las cosas que no queremos. En realidad, no queremos esas drogas, en realidad no queremos ese alcohol en nuestro sistema, y sin embargo nos descubrimos persiguiéndolo constantemente y nunca tenemos bastante.

Esta búsqueda de libertad a través de las sustancias ha atrapado a los usuarios en un estilo de vida de nunca tener suficiente de lo que no quieren. Piensan que serán libres cuando experimenten la fantástica subida producida por la droga o la bebida, pero el placer solo es físico. Dura un momento o dos, y después quieres más.

Por otra parte, la auténtica libertad no exige más. Cuando experimentes esta libertad, no vas a decir: "Oh, no estoy satisfecho. Tengo que tomar más". En lugar de eso, tendrás un sentimiento dichoso: la libertad de conocer tu yo superior, de conocer a Dios.

La auténtica libertad hace que tengas la sensación de *Estoy aquí, esto es, ya lo tengo*. Cualquier cosa que pida más de ti, que te ponga en deuda, que ponga en peligro tu salud o te haga esclavo de poderes adictivos es una libertad falsa.

En este capítulo aprenderás más sobre la auténtica libertad, que yo defino como aquella en la que te enfocas en el propósito y en servir a los demás, sin pensar en ti ni en cómo te afectan las cosas. Toda esta idea de la auténtica libertad es exquisita para mí, y parece ser algo que la mayoría de nosotros ni siquiera hemos considerado como una posibilidad para nosotros mismos. Yo sé que es absolutamente posible para todos y cada uno de nosotros. Esta libertad se alcanza a través de la conciencia superior, que es algo muy distinto de lo que la mayoría de nosotros hemos experimentado hasta ahora en nuestra vida. Es otro resultado maravilloso de estar verdaderamente despierto.

UN NUEVO ACUERDO

La parte más elevada de ti no está atada al mundo de la forma. De hecho, no tiene ningún punto de encuentro en absoluto con el mundo de la forma. Yo llamo a esto "estar en ninguna parte". Piensa en cuando naces, y de repente pasas de estar en *ninguna parte* a estar *aquí ahora*. Es el mismo concepto. De ninguna parte a aquí y ahora —lo cual es tu vida—, y a continuación vuelves a ninguna parte. Pero tu conciencia —esta parte más elevada de ti, quien tú eres realmente— estaba en ninguna parte y ahora está aquí, y seguirá contigo cuando vuelvas a ninguna parte. Eso que nunca nació nunca muere.

De modo que llegamos de ninguna parte, de algún modo y de alguna manera misteriosa. No pretendo saber cómo ocurrió eso: no tengo ni idea. Yo formo parte del mismo proceso que tú. Yo me presenté aquí del mismo modo que tú. Todos nosotros pasamos de ninguna parte al aquí y ahora, y estamos rodeados por la eternidad. Y como ya hemos aprendido, la parte más elevada de nosotros es eterna, inmutable y no tiene forma. La parte de nosotros que no es eterna es nuestra forma, nuestro envoltorio, y está cambiando constantemente.

Antes de aparecer en el aquí y ahora, firmamos un acuerdo con respecto a lo que va a constituir nuestra realidad en esta forma. El acuerdo dice que hay ciertas cosas que podemos hacer y otras que no podemos hacer; solo podemos lograr ciertas cosas, solo podemos correr a cierta velocidad, solo podemos hacer cierta cantidad de cosas, y así sucesivamente. A continuación, se nos da toda una serie de patrocinadores bien intencionados, como nuestros padres, nuestros vecinos, nuestros profesores, nuestros entrenadores, nuestros consejeros espirituales, o sacerdotes, o ministros, o rabinos. Todos ellos tienen buenas intenciones, pero refuerzan ese acuerdo con *sus ideas* sobre cuáles son nuestras limitaciones, sobre lo que es posible o no es posible para nosotros.

La mayoría de nosotros hemos estado dando los pasos que nos indicaron nuestros bien intencionados padres, nuestras escuelas, la educación religiosa y otros agentes similares durante toda nuestra vida. Yo no estoy aquí para cuestionar nada de esto; todo ello está de acuerdo con el plan Divino. Pero, para poder llegar a ese lugar donde somos capaces de manifestar milagros, debemos entender los pasos que se nos han mostrado a fin de poder borrarlos sin juicio.

Te estoy ofreciendo la oportunidad de redactar un nuevo acuerdo ahora, cambiando el que hiciste hace tanto tiempo. Además, este nuevo acuerdo va a conllevar que surjan en ti nuevas ideas, comportamientos, estrategias y otros aspectos que posiblemente nunca habías considerado. Tienes que soltar todo lo que te han enseñado. En cambio, pregúntate cosas como: *¿Puedo estar en más de un lugar al mismo tiempo? ¿Puedo cambiar de forma? ¿Puedo comunicarme telepáticamente con alguien que no está en la habitación? ¿Puedo leer auras? ¿Puedo desafiar la gravedad? ¿Puedo entrar en los sueños de otra persona?*

Para aquellos de vosotros que sabéis de forma absoluta que estas cosas no son posibles, adelante: dejad este libro ahora mismo. Porque aquí vamos a entrar en un reino nuevo. No me estoy limitando a salir del armario con estas cosas espirituales: al salir ahí estaré yo arrancando la puerta. Porque yo *sé* absolutamente que estas cosas son posibles, y es este conocimiento el que quiero poner en tu corazón.

Una vez más, te pido que estés abierto a las ideas que estoy presentando aquí. Procura decirte a ti mismo: *tal vez tenga que considerar hacer cambios en ese acuerdo que firmé. Después de todo, en realidad no me está dando lo que quiero. Mi corazón me está diciendo que quiero mucho más. Quiero sentir que mi vida es profunda, rica y satisfactoria, y quiero estar alineado en todo momento con mi propósito. Quiero poder experimentar esa luz interna brillante, ese amor del que hablan tantos maestros espirituales, y si sigo haciendo lo que he venido haciendo hasta ahora no voy a tenerlo. Puedo apreciar mi pasado, puesto que todo tuvo que ocurrir como ocurrió para traerme hasta este punto. Pero tengo el poder de cambiar adónde voy a ir desde aquí.*

Lo sepas o no, tú eres un "habitante en el margen", eso es lo que eres. Este es un término acuñado por uno de mis autores favoritos, Stuart Wilde. Ciertamente hacía honor a su nombre[2]: era salvaje y maravilloso y noble, una de las almas más preciosas que he conocido nunca. Stuart habló de "los que viven en el margen" en su libro *The Whispering Winds of Change*, uno de los libros más profundos e inspiradores que he leído en mi vida.

---

2. Wilde: salvaje, (N. del t.).

Stuart describe a los que habitan en el margen como aquellos que han abandonado espiritualmente el sistema, y por tanto residen en una especie de tierra de nadie, donde ya no les preocupa tener que encajar ni ser como los demás piensan que deberían ser. Son personas que tienen amor en su corazón y no quieren comprar el antagonismo, el odio, la amargura y la lucha en los que tanta gente parece estar enredada.

En realidad, es un grupo grande dentro del cual te encuentras. En el mundo hay verdadera hambre de aquello en lo que crees, puesto que hay un increíble déficit espiritual. *Ese es* el verdadero déficit, no el déficit de dinero del que solemos oír hablar. Nosotros, los que habitamos en el margen, somos los que estamos creando la conciencia que va a transformar el mundo. Los cambios que hemos visto ocurrir en todo el planeta, dentro del marco de un renacimiento espiritual extraordinario, vienen del modo en que hemos decidido procesar nuestro mundo. Ya no vamos a ser parte de un sistema en el que tenemos que someternos a los males del nacionalismo y la competición. Vamos a elegir algo nuevo.

SUSPENDE TU INCREDULIDAD

Si tienes dificultades con lo que he venido comentando en este libro, podría deberse a que no has aprendido a experimentar lo que se denomina la "suspensión voluntaria de la incredulidad". Esto es lo que haces cada vez que vas al cine. Cuando te sientas en la butaca, sabes muy bien que lo que vas a ver viene de un proyector situado en la parte de atrás de la sala y se proyecta sobre una pantalla bidimensional, y que esa historia en realidad no está ocurriendo en la sala de cine. Ahora bien, no te sientas allí y dices: "No voy a creerme nada de *esto*. Solo son imágenes que están siendo proyectadas, y alguien está tratando de engañarme". No, suspendes voluntariamente tu incredulidad y dices: "Me voy a permitir sentirme entretenido e informado, y retomaré mis dudas cuando salga".

Bien, lo mismo es aplicable a lo que yo estoy diciendo aquí. Algo de ello puede entrar en conflicto con el acuerdo que hiciste con lo que quiera que constituyan tus limitaciones. Pero recuerda que cualquier limitación que te hayas impuesto a ti mismo solo está en el dominio físico de la forma.

Es interesante que si alguien con quien estoy hablando me dice que quiere cambiar —digamos que quiere perder peso, dejar de fumar, dejar atrás la adicción a las drogas o tener una relación Divina— me resulta muy fácil detectar si la persona va a ser capaz de conseguirlo o no. Porque como dos minutos después de explicar su deseo, generalmente añaden una razón por la que no puede ocurrir: "Oh, eso es imposible. No, no puedo hacerlo". Entonces sacan la lista de cosas que todas las personas bien intencionadas de su vida les han dicho sobre sus limitaciones.

Asimismo, a medida que hayas ido leyendo, puedes haber sentido alguna duda. Podrías haber dicho algo así como: "No, esto no es posible. A Wayne Dyer le resulta fácil decir todo esto, pero no son cosas que yo pueda lograr. No me puede pasar a mí". Te pido que suspendas voluntariamente tu incredulidad, al menos hasta haber acabado este libro. Si quieres volver a comprar la incredulidad, de manera parecida a cuando sales del cine y entras en otra realidad, está bien. Pero, cuanto más te puedas permitir abrir tu corazón, más permitirás que entren cosas buenas en tu vida.

Recuerda que aquello en lo que piensas es lo que se expande, de modo que si lo que piensas es: *No puede ocurrir*, entonces ese *No puede ocurrir* se tiene que expandir. Si piensas en lo que está mal en tu relación, en lo que le falta, o en lo que no te gusta, entonces esa será la naturaleza de tu relación. Así, cuando entiendes que aquello en lo que piensas es lo que se expande —o como pienses, así serás—, tienes mucho cuidado con lo que piensas.

En el universo todo es energía, incluyéndote a ti. En realidad, todas las cosas que constituyen tu cuerpo son formas de energía. Simplemente están resonando a cierta frecuencia y parecen ser sólidas debido a dicha frecuencia. La energía de la que estoy hablando no es la que resuena con la forma sólida, sino con otro tipo de energía que también está contigo en todo momento. Es como tener un cuerpo de energía que es físico y también espiritual. La energía primaria que has estado usando toda tu vida es lo que denominamos energía externa o física. Esta es la fuerza que sustenta la vida corporal, que permite latir al corazón, que se llenen los pulmones, que circule la sangre, el proceso de eliminación, y todo eso.

También hay una energía interna. Uno de los grandes maestros de mi vida fue un hombre llamado Swami Muktananda. En su libro *Mystery of the Mind*, escribe lo siguiente sobre la energía Divina, que es la energía que te estoy pidiendo que consideres:

Un día esta luz explotará y la verás por todas partes. Verás el universo entero existiendo dentro de ella. La Divina luz de la Conciencia empezará a llenar tus ojos y entonces, dondequiera que mires, la verás. Verás su irradiación en las personas, en los árboles, en las rocas y en los edificios. Verás la misma conciencia surgiendo y cayendo en cada ola de pensamiento y de sentimiento que pasa por tu mente; dondequiera que tu mente vaya, encontrarás tu propia Conciencia interna, el creador del mundo. Verás que el universo entero está contenido dentro de tu propio Ser. Sabrás que todas las cosas —todas las infinitas modificaciones del mundo— no son más que tu propio juego. Te darás cuenta de que eres tú quien está siendo reflejado por todas partes, y de que es tu propio reflejo el que pasa delante de ti todo el tiempo.

Aquí me gustaría añadir que siempre tienes este poder dentro de ti. Recuerda: tú eres una extensión de la Fuente, que es ilimitada. Lo único que tienes que hacer es tomar la decisión de conocer esta parte espiritual de ti, y puedes conectar con ella orientándote en una dirección distinta de la que estás acostumbrado. En lugar de mirar afuera y preocuparte por lo que está ocurriendo a tu alrededor, puedes mirar adentro y contactar directamente con tu naturaleza espiritual. Entonces puedes vivir cada uno de tus días, independientemente de lo que puedas estar haciendo, con la sensación de alegría que viene de estar en tu búsqueda sagrada.

No importa cómo sea tu forma. No importa lo que hagas: no importa si decides ser un padre que trabaja en casa, un trabajador de la construcción, un contable, un dentista o un conductor de un servicio de reparto de pizzas. Nada de esto importa realmente. No estoy hablando de lo que haces aquí; estoy hablando de la Divina energía interna que posees.

¿QUIÉN ESTÁ REALMENTE AL CARGO?

Tal vez puedas entender mejor todo esto con una metáfora. Cuando era niño me encantaban las películas del Oeste. Los sábados por la tarde iba al Club de Jinetes Roy Rogers, pagaba 12 centavos y me divertía a lo grande. En todas esas películas había una escena con la que estoy seguro que estarás familiarizado si alguna vez has visto películas del Oeste. En esa escena, el conductor de la caravana está herido y ha soltado las riendas, de modo que los caballos que tiran del carruaje corren desbocados. El conductor ya no controla el carro, que está siendo arrastrado descontroladamente en medio de los matorrales.

Esta es la metáfora. Se basa en algo que escribió Eknath Easwaran en su precioso libro *Dialogue with Death*, que es una interpretación de uno de los grandes relatos de la India, conocido como *Katha Upanishad*.

La carreta es tu cuerpo. El conductor es tu intelecto. Los caballos que están fuera de control son tus cinco sentidos (vista, oído, olfato, gusto y tacto). Los caballos tiran de la carreta, y eso es una buena representación de lo que nos ocurre a la mayoría de nosotros en la vida. Nuestros cinco sentidos, que nos dan tanto placer físico, están llevando nuestro cuerpo por donde quieren porque el conductor, el intelecto, está herido y ya no controla la situación. Las riendas que unen los caballos con el carruaje son nuestras emociones.

Dentro del carruaje, una preciosa dama de Filadelfia, con su hermoso sombrero y sus guantes, suplica al intelecto y a los caballos: "Tengo un mensaje que transmitiros. No os permitáis ser arrastrados en esta dirección. Por favor, deteneos y escuchadme". La dama es tu yo superior, la parte espiritual de ti.

Cuando los sentidos están al cargo, no hay intelecto, y las emociones están desbocadas. Las papilas gustativas de la lengua pesan menos de treinta gramos, por ejemplo, y sin embargo yo he visto a esos treinta gramos empujar a un hombre de ciento cuarenta kilos de peso a entrar en una pastelería. El hombre mira esos pasteles de crema y la dama de Filadelfia le implora que no los coma. Le dice: "¡Eso te va a matar! Pero eso no tiene por qué ser así. Solo has perdido el control durante un segundo y puedes recuperarlo. Sal de la pastelería, come verduras y cuida de ti mismo".

Quizá, en tu caso, la dama de Filadelfia implore: "No entres en ese bar. No tomes esa bebida alcohólica. No hagas uso de esas sustancias que te van a destruir". Pero vienen los caballos y te empujan a entrar al bar. Estos sentidos, estos caballos descontrolados, están dirigiendo tu vida. No eres libre. Tu cuerpo está siendo llevado en una dirección que en realidad tú no quieres seguir, y no se está prestando ninguna atención a la dama de Filadelfia.

Podrías decir: "Tengo un problema con el alcohol". En realidad, tú no tienes un problema con el alcohol; tus caballos tienen un problema con el alcohol. Tú tienes un problema con los caballos: no los tienes bajo control. Estás permitiendo que los sentidos y la energía externa te empujen y dicten lo que debes hacer en casi todos los aspectos de tu vida. Tú lo permites a cambio de esa cantidad de placer temporal, que no es más que la falsa libertad que disfrutas durante un segundo. Después se va y tú sigues persiguiéndola. Los caballos empujan tu cuerpo y tu mente durante toda tu vida, y nunca escuchas la dulce voz que está dentro del carruaje y te está diciendo que pongas tu vida bajo control.

Aquí está disponible algo mucho más grande y grandioso. De modo que recuperemos el control de las riendas y entrenemos a esos caballos para que vayan en la dirección que nosotros les indiquemos, en lugar de permitir que nos empujen sin control. De esta manera puedes hallar la auténtica libertad.

ESCUCHA A TU YO SUPERIOR

Una vez que estás verdaderamente despierto, te resulta bastante fácil escuchar el consejo de la amable dama de Filadelfia. Lo que sigue son algunas características que notarás cuando tu yo superior dirija tu vida, en lugar de los caballos.

—**Las coincidencias de tu vida son mucho más significativas, y eres capaz de gestionarlas con facilidad.** Esta es una de las primeras cosas que notarás cuando alcances esta elevada conciencia espiritual. Ahora bien, esto podría sonar como una paradoja: si se trata de una coincidencia, entonces no es algo que tú manejas. Si puedes manejarlo, entonces no es una coincidencia. Desde siempre se te ha dicho que cuando ocurren coincidencias —estás pensando en algo y de repente eso ocurre en tu vida— esas son cosas sobre las que no tienes ningún control. Te estoy pidiendo que suspendas voluntariamente esta incredulidad.

Conforme mires dentro y conozcas la parte espiritual de ti, verás que estas cosas se muestran de maneras que nunca habías creído posibles. Cuando orientas tu vida hacia el propósito, te sienes pleno y te mantienes en esa luz celestial, es como si el universo comenzara a gestionar todos los detalles por ti.

—**Tomas conciencia de la fuente de energía universal.** Sabes que no se trata de algún fenómeno sobre el que has leído; es parte de lo que tú eres. Hay una parte de ti que está observando que ocurre todo esto, y esa energía Divina es quien tú realmente eres. Te permite hacer todas las cosas que haces en la vida porque es tu esencia misma. Empiezas a prestar mucha atención a esta energía divina, en lugar de a la absurda idea de que, de algún modo, estás separado y eres distinto de ella.

—**Accedes con regularidad a la guía Divina.** Esta guía es como el alimento espiritual, y todos los miedos inmovilizadores que antes sentiste en tu vida ahora se disipan y desaparecen. A medida que accedes a esta guía Divina, te das cuenta de que no es algo que esté fuera de ti, sino algo que también está dentro.

Mientras leía el Nuevo Testamento durante la preparación de mi libro *Your Sacred Self*, me topé con un pasaje magnífico relacionado con esta idea. San Pablo, citando a Jesús, escribe a los filipenses: "Dejad que esta mente esté en vosotros, que también estaba en Cristo Jesús. El cual, siendo por naturaleza Dios, no consideró un robo ser igual a Dios" (Filipenses 2:5-6). Puede ser muy poderoso pensar que podríamos tener la misma mentalidad que Jesús, que se consideraba a sí mismo de la naturaleza de Dios y no consideraba un robo ser igual a Dios. Por supuesto, esto no significa que tú *seas* Dios; simplemente significa que eres una extensión de esta preciosa energía Divina. Si puedes permitir que esto se convierta en la luz que te guía, descubrirás que es una de las verdaderas bellezas de la conciencia espiritual elevada.

—Tienes una nueva sensación de aprecio y admiración reverente. Ahora enfocas tu energía interna en la belleza que te rodea y recibes la energía de esos entornos. A medida que entras en el estado de asombro y admiración y sientes aprecio por él, sentirás aprecio por que esa energía esté dentro de ti. Te darás cuenta de que no solo puedes acceder a esa energía, sino que es algo que está dentro de ti en todo momento. No tienes que pensar en ella como algo externo a ti.

—Sentirás una sensación de estar conectado con todos, deshaciendo la ilusión de estar separado. Hay un libro maravilloso titulado *Healing Words,* de mi buen amigo Larry Dossey. Es un médico que se ha pasado la vida en hospitales, y el libro habla sobre lo poderosa que es la oración para ayudar a la curación de los pacientes. Describe estudios doblemente ciegos que se han llevado a cabo en los que se rezaba por algunos pacientes y por otros no. Se descubrió que el poder de la oración —la energía que sentimos y dirigimos cuando ponemos nuestra atención en curar a otros— es algo que realmente marca la diferencia en el proceso de curación. Hay una conexión que no es visible ni es algo de lo que se pueda echar mano.

Puedes sintonizar con esa energía con tu conciencia superior y después descubres que eres capaz de manipularla. Puede producir efectos en cómo te tratan otras personas, puede afectar a tu negocio, a qué tipo de personas se presentan en tu vida para que las ames y al tipo de relaciones que vas a tener. Puede afectar incluso a cómo interactúan contigo los extraños mientras estás ahí fuera, en el mundo. De hecho, a medida que empieces a extender hacia fuera esta energía amorosa, esto afectará a todas las personas y cosas que te rodean.

—**Estableces un nuevo acuerdo con la realidad.** Es decir, los límites de tu percepción se expanden para incluir este otro mundo de energía que coexiste contigo en todo momento. Dejarás de dar peso a las creencias que te han sido transmitidas por personas bien intencionadas, que te han dicho lo que la realidad tiene que ser para ti. Abandonarás eso y te abrirás a nuevas posibilidades de lo que puede ser tu realidad, incluyendo cosas que posiblemente nunca hayas considerado antes. La capacidad de hacer cosas que pensabas que solo estaban al alcance de brujos o magos es ahora tu realidad cotidiana.

—**Te conviertes en un soñador despierto.** Me encanta esta idea, que he desarrollado en capítulos anteriores. Esto significa que cualquier cosa que experimentes en tu conciencia onírica es algo que eres capaz de experimentar en tu conciencia de vigilia. Es decir, deshaces la idea de que, para soñar, tienes que irte a dormir.

No estoy diciendo que con tu conciencia superior puedas salir ahí fuera y elegir el número ganador de la lotería, pero estoy diciendo que puedes imaginarte ahora mismo ganando la lotería. Si tuvieras la experiencia de tener un número ganador de la lotería que te asegurara que vas a tener un millón de euros al año en los próximos veinte años, ¿cómo te sentirías? Podrías responder: "Me sentiría libre y seguro. Abandonaría mis miedos, eliminaría todas las dudas que tengo con respecto a mi capacidad de conseguir lo que quiero para mí y para mi vida. Me sentiría feliz, en éxtasis".

Bien, es un mito que tengas que ganar la lotería para conseguir esas cosas que estás describiendo. Puedes sentirte así en cualquier momento, y eso incluye este mismo momento. Ser auténticamente libre —sentirse sin cargas, seguro y alegre— es algo que se puede alcanzar fácilmente mediante la conciencia espiritual elevada.

Sea lo que sea lo que pienses que necesitas para ser feliz, puedes tener a voluntad el sentimiento que acompaña a ese pensamiento. Esa es la verdadera belleza.

—Dejas de buscar la falsa libertad. No tratas de encontrar la solución en nada externo, como el alcohol o las drogas. Sabes que, sea lo que sea lo que estés buscando, puedes descubrirlo dentro. Y eso es el cielo.

En una ocasión, hice que me fabricaran una camiseta que decía: ya has intentado todo lo demás. Ahora prueba con Dios. Lo que quería decir es: es posible que hayas probado la adicción, el divorcio, la bancarrota, el traslado, y toda una serie de trabajos; ya es hora de probar otra cosa.

Cuando pruebas con tu yo superior, la parte superior de ti, descubres que, sea cual sea el problema, la solución es dejar ir y dejárselo a Dios. Por más duro que sea el problema, o si se trata de algo tonto, como reparar un grifo o encontrar las llaves, la respuesta es simplemente dejar ir. Encontrarás las llaves. Encontrarás la manera de reparar el grifo que gotea. Encontrarás la solución a cualquier cosa que parezca ser el problema.

—La experiencia de dicha es muy común para ti. Eso que antes querías tan desesperadamente —ese sentimiento alegre, pacífico, amoroso de saber que todo está bien y que tu vida está inspirada— está presente con mucha más frecuencia que antes.

Una de las grandes citas de *Un curso de milagros* es: "Si supieras quién camina a tu lado por la senda que has escogido, sería imposible que pudieras experimentar miedo". Esto es realmente la experiencia de dicha. En la vida hay una ecuanimidad amorosa, pacífica y deliciosa que viene de decirte a ti mismo: "Voy a dejar que me gobierne mi yo superior".

—**Juzgas menos y perdonas más.** Esta es una parte muy importante de todo este asunto de la conciencia espiritual superior. Comprendes la simple verdad de que no defines a nadie con tus juicios; solo te defines a ti mismo. Si juzgas que alguna otra persona es necia, tonta o mala, eso no hace que ella sea así. Cada cual es como es, independientemente de tu juicio con respecto a él. Pero tus juicios sí dicen algo sobre tu necesidad de juzgar.

A medida que perdonas más, entiendes que para vivir la vida espiritual y conseguir la auténtica libertad que estás buscando, tienes que soltar toda la angustia, el odio y la amargura que llevas contigo. Este es el veneno procedente de las mordeduras recibidas en momentos anteriores de tu vida, y es el veneno lo que te está matando, no las mordeduras. No puedes evitar haber sido mordido, pero ciertamente puedes eliminar el veneno.

Imagina que sostienes una copa que representa la angustia, el odio y la amargura que sientes. Digamos que sientes estas emociones hacia alguien que abusó de ti o que te abandonó cuando eras niño. Se te dice que perdones y dejes ir, y después se te pide que vuelvas a tomar la copa. Entonces alguien te pregunta: "¿Qué puedes hacer ahora si quieres soltar todo lo que te pasó en el pasado?" Y tú dices: "Simplemente lo soltaré". Una vez más, esto es lo que se te está diciendo que hagas.

Ahora bien, observa lo que está ocurriendo aquí. Para dejar ir la copa, primero tienes que cogerla. Cuando la coges, la abrazas y te adueñas de ella. El proceso de agarrar la copa, de adueñarte de ella y abrazarla, te permite seguidamente dejarla ir. Si te vas sin cogerla, no estarías dejándola ir; nunca te habrías adueñado de ella. No sería algo que tienes que perdonar. Si la tomas en tus manos, tienes lo que se denomina la *respuesta funcional adulta* a la copa. No tienes la *respuesta del niño herido*, que es: "¿No te parece horrible? Ellos nunca deberían haberme hecho eso, y yo sigo estando enfadado". Un adulto funcional toma la copa, lidia con ella y después la suelta en lugar de ir herido por la vida.

A medida que juzgas menos, abrazas auténticamente esas cosas y después las dejas ir, en lugar de simplemente intentar alejarte de ellas. En esto consiste realmente el perdón.

Estas son las cualidad o características más significativas que tendrás cuando abraces tu conciencia espiritual superior, pero hay muchas más. Lo principal que notarás, por supuesto, es la alegría de la auténtica libertad. No hay nada comparable con el sentimiento de estar en sintonía con tu yo superior.

CAPÍTULO 5

DESCUBRE LAS TRES CLAVES DE LA CONCIENCIA SUPERIOR

Ahora me gustaría explicar detalladamente las claves de la conciencia superior, que fluyen hacia nosotros cuando empezamos a cuestionar —o incluso abandonar— las ideas que nos ha transmitido la sociedad. Una vez que hemos retirado parte de nuestras primeras programaciones y condicionamientos, podemos alcanzar este estado de conciencia espiritual elevada y sentirnos auténticamente libres.

Las tres claves que describo en este capítulo encajan entre sí, y cada una de ellas lleva a la siguiente. En cada sección también ofreceré algunas sugerencias para implementar estas claves en tu vida.

CLAVE 1: DESTIERRA LA DUDA

Empezaremos por lo que yo denomino "desterrar la duda", y viene en primer lugar porque es la más difícil de llevar a cabo.

Las personas con las que he trabajado y que han alcanzado la conciencia superior me han dicho una y otra vez que lo que nos lleva hasta ella no es memorizar toda una serie de técnicas y estrategias. Más bien, lo que se necesita es creer que es posible. El dicho reza: "Tal como pienses, así serás". No dice: "Tal como seas, así pensarás", que es lo que mucha gente hace. Permiten que las circunstancias externas determinen cómo es su mundo interno, y por tanto se sienten enfadadas, heridas, deprimidas, tristes o atemorizadas por los sucesos externos.

Como hemos aprendido, si aquello en lo que pensamos es lo que crea nuestro mundo, y lo que pensamos contiene dudas, entonces actuaremos a partir de la duda. No seremos capaces de actuar a partir de nada más. Por desgracia, la mayoría de las cosas que nos han sido transmitidas por las personas bien intencionadas de nuestra vida vienen acompañadas de dudas. Es crucial entender esto: si pensamos que no podemos hacer algo, e incluso si tenemos la mínima duda de que podamos hacerlo, entonces actuaremos a partir de ahí. Como indicó Ralph Waldo Emerson hace mucho tiempo: "Sabemos que el antepasado de cada acción es un pensamiento", de modo que, si ese pensamiento es de duda, actuaremos a partir de ella. Esa duda nos impedirá crear la conciencia espiritual elevada, o cualquier otra cosa que queramos crear para nosotros mismos. Desterrar la duda es fundamental.

Si tienes la imagen en tu mente de que no puedes hacer algo, y si aquello en lo que piensas es lo que se expande, entonces actuarás desde ese sentimiento de *"no puedo hacerlo"*. Si te enfocas en lo que no te gusta o en lo que va mal en una relación que mantienes con alguien, y a continuación te preguntas por qué esa relación es negativa, debes cambiar de enfoque. Más bien, piensa en lo que te gusta y en lo que es genial, y observa cómo eso se expande.

Lo único que hace falta para desterrar la duda es ver el despliegue de Dios en todas las personas y cosas con las que te encuentres. Esto es todo lo que hace falta. Si esta noción te resulta difícil, dite a ti mismo: *no tengo que entenderlo. Lo único que tengo que hacer es imaginar que mis juicios sobre otras personas en realidad son dudas.* Cuando destierras la duda, puedes detectar fácilmente cualquier energía que esté intentando conducirte en otra dirección, y tú sabes que nadie que intente sacarte de tu curso va a tener ninguna influencia sobre ti. En lugar de pensar: *¿Por qué está haciendo eso esta persona? o ¿Por qué esta droga está volviendo a aparecer en mi vida? o ¿Por qué está aquí esta tentación?*; entiendes que te estás encontrando con uno de los exámenes de la vida. Decides reaccionar con amor, y en cuanto lo haces, tienes una nueva conciencia.

A veces puede resultar difícil recordarte que siempre sabes qué hacer, entendiendo que: *Sí, voy a actuar a partir de este conocimiento en lugar de a partir de la duda que me ha sido transmitida.* Todo lo que es físico es finito, mientras que todo lo que está más allá de lo físico es infinito. Así, los conocimientos son infinitos, y te son transferidos: aunque ahora estás dentro de otra forma, todavía tienes el conocimiento adquirido, que es eterno. Esta es la base misma de lo que constituye la capacidad de desterrar la duda: aprender a cambiar tus creencias por certezas. Ahora puedes pasar de *saber cosas sobre* tu yo superior a *conocer* a tu yo superior. Tienes una relación directa con esta presencia amorosa que está siempre contigo y puedes acceder a ella.

Dios es tan invisible como el aire. No puedes tocarLe ni verLe, sin embargo, sabes que está ahí porque vislumbras por doquier sus asombrosas obras y su bondad.

Sabes que Él está ahí. Este conocimiento y la fe van de la mano. La fe es un conocimiento, y no tiene que ver con lo que otras personas te han transmitido y te han dicho que adores o que practiques. De modo que, cuando en lugar de usar el contexto de *tengo que tener una prueba física,* cambias a la fe, estás pasando literalmente de la creencia al conocimiento. Debes entender que la fe es una decisión que tomas internamente. A medida que tu decisión se convierta en conocimiento, llegarás a sentir la energía sagrada que fluye a través de todas las cosas del universo en forma de inteligencia Divina. Entonces la fe se convierte en una energía que reside en todo momento dentro de ti.

He aquí algunas sugerencias para desterrar la duda:

—Prueba con una afirmación, que es una declaración positiva que te repites a ti mismo para *afirmar* y crear lo que quieres en tu vida. Sugiero algo así: me deshago de mis dudas al recordar que existe una razón válida para todo lo que ocurre. Una simple afirmación puede ser todo lo que necesites para empezar a deshacerte de la duda.

—Toma la decisión de encontrarte con el Dios invisible dentro de ti, de modo que conozcas esta presencia amorosa en lugar de saber cosas *acerca de* ella. Cuando acallas el diálogo interno y vas a ese lugar silencioso y vacío dentro de ti, te resulta mucho más fácil hacer esto. (Más adelante en este libro se explica cómo hacerlo.)
Has de aprender a crear el espacio y el tiempo para estar en silencio y escuchar, sin hacer nada más; y debes

hacerlo diariamente si quieres desterrar la duda. Permite que tu momento de reflexión esté libre de cualquier crítica interna. Retira todas las dudas que te han sido transmitidas por tantas personas bien intencionadas. Ábrete y da una pausa al escepticismo, diciéndote a ti mismo: "Voy a suspender voluntariamente mi incredulidad durante unos momentos".

—Practica el soñar despierto. Recuérdate que no tienes que irte a dormir para soñar, y date algún tiempo para hacerlo. Soñar despierto puede hacer que te sientas ilimitado. Lo hiciste cuando eras niño: es posible que te tildaran de soñador, pero eso es lo que hacías. Te permitías libremente la diversión de ser capaz de volar, de elevarte, de nadar, crear, escribir poesía, o cualquier cosa que quisieras hacer. Te permitías estar libre de limitaciones, de dudas.

En uno de los poemas de William Blake hay un maravilloso pareado que dice: "Si el Sol y la Luna dudaran/ saldrían fuera [del cielo] inmediatamente". Cuando sueñas, entras en un estado en el que dejas todas las dudas atrás. Tienes que saber que no es un ser separado el que se va a dormir por la noche y sueña; eres tú. El mismo ser que viene a la conciencia de vigilia dudando de si puede hacer algo entra en la conciencia onírica sabiendo que puede. De modo que date regularmente la oportunidad de realizar esta práctica y sin darte cuenta te convertirás en un poderoso soñador despierto.

Recuerda que la duda no es un producto de tu yo superior, y puedes aprender a observarla en lugar de decidir apropiarte de ella. Puedes convertirte en su testigo, lo que nos lleva a la clave siguiente.

CLAVE 2: CULTIVA EL TESTIGO

La segunda clave de la conciencia superior fluye directamente de la primera. Una vez que aprendes a desterrar la duda, puedes cultivar el testigo. No puedes hacerlo antes. Me encantan estas palabras de Kahlil Gibran: "Porque, en verdad, es la vida la que da a la vida, mientras que tú, que te consideras un dador, no eres sino un testigo". El testigo es un observador compasivo, la parte de ti que no está en el mundo de la forma, sino más bien observando tu forma. Aprender a cultivar el testigo significa que sales fuera de ti mismo y contemplas lo que está ocurriendo en tu vida, todo ello desde la perspectiva del observador.

Si quieres ser capaz de crear una vida de realización, propósito y libertad a través del crecimiento de tu conciencia espiritual, debes desapegarte del resultado, por más duro que esto pueda parecer. Considérate el testigo que está observando que todo esto está ocurriendo, lo que significa que tú te conviertes en el que se da cuenta: eres consciente de tu mente y de todos los pensamientos que contiene. Notas las cosas que están ocurriendo en tu vida hoy, así como los sucesos del pasado. Notas lo que está pasando en el mundo. Y ves todo esto desde la perspectiva de ser el testigo desapasionado.

Entonces, a medida que tomes nota de tus mundos interno y externo, pregúntate: *¿Quién es el que nota detrás de aquello que está siendo notado?* Si haces esto varias veces al día, verás que eres mucho más que un cuerpo y una mente pasando por los movimientos programados de tu vida. Darte cuenta de que tu verdadero ser es el testigo que está detrás de eso que está siendo observado te llevará a una nueva dimensión de paz y creatividad. A medida que empieces a darte cuenta del que se da cuenta, descubrirás que eres mucho más que tus problemas. Tú no eres eso que te altera. Solo tu forma está sufriendo; *tú* no puedes sufrir.

El testigo es esa parte de nosotros donde estamos poniendo nuestra atención. Y aquello en lo que pongamos nuestra atención determina lo que veremos manifestarse desde el mundo de lo informe. Es decir, cuando cultivamos el testigo, entendemos la mecánica de la creación. La física cuántica nos dice que hay partículas tan pequeñas que nadie las ha visto nunca: la única razón por la que sabemos que existen es que dejan rastros en los denominados aceleradores de partículas. Cuando las observamos, están allí; cuando retiramos nuestra atención de ellas, desaparecen. La mecánica misma de la creación establece que se manifestará aquello en lo que nos enfoquemos y pongamos nuestra atención.

Aquello que observamos pasa del estado de onda, que es invisible, al estado de partícula, que es el estado del mundo físico. Todo es energía. Solíamos pensar que había un mundo físico, que estaba hecho de átomos y electrones, neutrones y protones, y después, separado, estaba el mundo espiritual. Hacía falta un salto de fe para pasar del físico al espiritual, porque se les consideraba dos mundos muy diferentes.

Solíamos pensar que teníamos que rezar a Dios, y eso se basaba en la idea de una deidad externa que solo estaba disponible para ciertas personas en ciertos momentos. Ahora descubrimos la verdad que los metafísicos han estado diciéndonos durante siglos: Dios está dentro de cada uno de nosotros. La física cuántica nos ha mostrado que aquello que pensamos que es la "realidad" no es más que energía, y que la energía está por todas partes y en todas las cosas, todo el tiempo.

Vayas donde vayas, si quieres aprender sobre la conciencia espiritual, vas a descubrir que los grandes pensadores te preguntan lo mismo: "¿Puedes aprender a ser testigo de tu vida en lugar de identificarte con ella?" Lo creas o no, ahí es donde reside la dicha, donde reside la conciencia superior, donde reside la auténtica libertad. Alcanzarás esa libertad cuando hayas aprendido a desterrar la duda y a cultivar el testigo.

Testificar es una experiencia preciosa. A estas alturas ya has aprendido a observar tu cuerpo. Ya sabes que no eres tu envoltorio, y sin embargo sigues jugando con él: lo perfumas, lo decoras, lo aseguras, buscas abrigo para él y tratas de curar sus enfermedades. Pero también sabes que hay alguien allí detrás haciendo todo esto. Sabes que dentro de ti hay una presencia invisible. Dices cosas como: "Simplemente estaba hablando conmigo mismo". Ahora hay dos personas ahí: el *yo* y el *ser* que es el receptor de cualquier cosa que estuvieras diciendo. Cuando dices: "Me he hecho daño en el brazo", ¿eres tú el brazo? ¿O eres eso que está experimentando el daño?

Si yo digo: "Voy a mover un dedo" y a continuación lo muevo, tú pensarás que eso no es gran cosa. Pero, ¿y si te pregunto dónde está el centro de mando que me ha permitido mover el dedo? Tu dirás: "Bueno, si miráramos en tu cerebro, podríamos ver las neuronas y las sinapsis que te permiten mover el dedo". Pero nunca encontrarías algo así como un centro de mando, con alguien que sea responsable de que yo mueva el dedo.

De modo que puedes observar tu cuerpo, pero no te dediques a preocuparte por él. Ahora mismo no te estás ocupando del latido de tu corazón, ¿cierto? No estás llenando y vaciando tus pulmones. Esta es la misma actitud que puedes aprender a tener con la mente, mientras observas tus pensamientos ir y venir. Cuando captes esto, te darás cuenta de que pensamos que somos nuestros pensamientos. Pensamos que la dicotomía está entre el cuerpo y la mente, pero no es así; la mente y el cuerpo son lo mismo. La dicotomía está entre el cuerpo/mente y el *alma*: el espíritu, tu conciencia superior, el testigo.

La observación ha sido usada con eficacia en el área del tratamiento del dolor, especialmente para las personas con dolor crónico. En lugar de identificarse con el dolor, a las personas se les pide que observen el dolor. Se les pide que noten todo tipo de cosas con respecto a él: su color, su forma y tamaño; cuándo aparece y cuándo no; y cómo puede ser aliviado. A medida que las personas se convierten en observadoras de su dolor, ven que aquello en lo que ponen su atención es lo que manifiestan. Descubren que pueden manifestar literalmente una ausencia de dolor convirtiéndose en testigos, en lugar de identificarse con el dolor.

Esto me lleva a recordar algo ocurrido hace años, cuando tenía una consulta en Long Island. Un día le pregunté a una paciente mía:

—¿Estás hoy deprimida?

—Ya sabes que siempre estoy deprimida —dijo ella.

—Bueno, ¿hay alguna parte de ti que no esté deprimida?

—No, doctor Dyer, no hay ninguna parte de mí que no esté deprimida.

—¿Quieres decir que cada uno de tus órganos está deprimido?

—Cada órgano está deprimido —dijo ella.

—¿Estás deprimida cuando te despiertas?

—Me despierto deprimida, me voy a dormir deprimida, incluso estoy deprimida mientras duermo. Tal como he dicho: estoy deprimida en todo momento.

Entonces le planteé la pregunta clave:
—¿Has estado notando tu depresión más últimamente?
—Sí —dijo ella—, ahora que lo mencionas, la he notado más.
—Dime: ¿está deprimida la que lo nota?
La que lo nota *no puede* estar deprimida; está allí detrás, observándolo todo. Le dije:
—Vete allí. Eso es Dios. Cuando te conviertes en el testigo, conoces a Dios. Literalmente puedes observar tus pensamientos y toda tu vida. Eso es todo lo que tienes que hacer. Todo se hará y se llevará a cabo porque sabes que no estás sola. Tienes que aprender que tú no eres esta cosa: tú has estado observándola.

Llevó algún tiempo, pero ella fue capaz de usar esta herramienta para aliviar su depresión. A medida que fue transcurriendo el tiempo, se sintió mucho mejor. Como mi paciente, cuando aprendes a identificarte con el observador, en realidad estás poniendo tu atención en aquello que quieres manifestar.

Estas son algunas sugerencias para ayudar a cultivar el testigo:

—Repite esta afirmación a diario para ti mismo: "En mi mundo, nunca va mal nada". Para mí, esta es una de las mejores afirmaciones que he oído. Personalmente la repito cada día.

—Cuando te notes problematizado por algo, di en voz alta: "Yo soy más que lo que me molesta. Yo soy más que mis problemas". Esta simple declaración que afirma que eres más que un receptáculo de problemas te impedirá permitir que dichos problemas proliferen en tu vida. Llegarás a ver que tú no eres esos problemas; tú eres eso que es consciente de ellos.

—Prueba este ejercicio:

Ve a un lugar tranquilo y cierra los ojos. Piensa en algo que te haya estado molestando durante algún tiempo. Contémplalo surgir en la pantalla negra de tu conciencia. Nota todos los aspectos del problema: la forma que tiene, cuándo aparece, lo que sientes cuando está en tu mente, el dolor y el miedo que tienes cuando está presente, cómo has lidiado con él sin éxito en el pasado. En la medida de lo posible, piensa en todo lo que esté relacionado con ese problema.

Ahora desapégate del problema. Deja que esté allí, en la pantalla de tu mente. Contémplalo desde el punto de vista del testigo compasivo, que capta lo que hay en la pantalla sin juzgarlo. Obsérvalo como si fuera una película, permitiendo que cambie como quiera, observándolo mientras le das un amoroso permiso de hacer cualquier cosa que desee. Verás que cambia, que desaparece y vuelve a aparecer en tu conciencia.

Con cada cambio o movimiento de la pantalla, permanece en la modalidad de testigo atento, sabiendo que la energía hará lo que tenga que hacer. Este acto de observación a menudo hará que se disipe el sentimiento de que eso es un problema. Si esto ocurre, obsérvalo también desde la posición del observador amable.

Practiqué este acto de observación cuando tuve una lesión en el pie, cerca del dedo gordo, que hacía que me resultara muy difícil jugar a tenis. Yo seguía diciendo: "Esta lesión me está impidiendo hacer lo que quiero hacer, y me siento muy molesto". Cuando me puse en la posición de testigo, ya no me veía teniendo una lesión. Atribuí el dolor solo a mi cuerpo, pero no a mí. Pasé a hablar desde la posición del testigo, diciendo: "Esto no soy yo. No es mi dolor; es el dolor de mi cuerpo. Yo no soy mi cuerpo. Mi cuerpo es el dueño de esto, yo no".

Puse la atención en lo que quería manifestar, en la mecánica de la creación, que es tener el pie sano. La siguiente vez que fui a jugar a tenis, la lesión que me había estado molestando durante varios días, que me había hecho cojear y hacer todo tipo de cosas, había desaparecido.

También recuerdo que usé la técnica de la observación cuando era joven. Cuando estaba en secundaria y en la universidad, trabajaba en una tienda de comestibles en Detroit. Entraban unos camiones gigantescos, cargados con lo que parecían ser miles de pesadas cajas. A menudo yo era el único que estaba allí para descargar el camión, poner las cajas en una cinta transportadora y así sucesivamente. El trabajo era demoledor.

Entonces, en algún momento, me enseñé a mí mismo a convertirme en el testigo. Digamos que observaba todo el camión y visualizaba que iba a vaciarlo en la cinta transportadora. En lugar de identificarme con el cuerpo, que tenía que hacer todos aquellos movimientos, me ponía en la posición de observarme a mí mismo haciéndolo. El proceso de observarme a mí mismo y de no identificarme con el trabajo permitió que todo ello fluyera suave y rápidamente, y así no parecía tan duro.

Creé otro tipo de energía, una especie de energía de la conciencia superior, que me daba la fuerza y la capacidad de pasar el tiempo observando en lugar de identificarme con el trabajo.

Cuando puedas observar todos los aspectos de tu vida sin identificarte con ellos, tu conciencia superior permitirá que cosas que antes te parecían muy difíciles se vuelvan casi insignificantes para ti.

—Si descubres que estás cargado de fechas de entrega y de conductas tipo A que muchos de nosotros practicamos en el mundo de los negocios, puedes desapegarte de ello. También puedes convertirte en el testigo de eso, observándote hacer cualquier movimiento que tengas que hacer, y ralentízate. Desde esta perspectiva del observador, verás lo absurdo que es todo el estrés que siempre has sentido en torno a las fechas de entrega. Eso solo son cosas que están pasando en tu cuerpo; tú ya no necesitas estar estresado. Poner la atención en disipar la ansiedad mediante la observación, sin hacer nada más, es lo que permite que se vaya.

—Cuando se trate de confrontaciones con otras personas, me gustaría que también practicaras ser el testigo. Elévate por encima de la tentación de hacer que otra persona esté equivocada, y, en cambio, contémplate a ti mismo y a la otra persona desde la perspectiva del observador. Pronto verás la locura de involucrarte en este tipo de conducta que produce ansiedad, y cambiarás a una respuesta más espiritual.

Hay una frase que he aprendido a tener en mente, y creo que me ha traído más paz que cualquier otra cosa que pueda ofrecerte: *Cuando tengas que optar entre tener razón o ser bondadoso, elige siempre ser bondadoso*. Prácticamente en cualquier confrontación en la que te puedas encontrar alguna vez, tanto si es con tu esposa, como con tus compañeros de trabajo o incluso con desconocidos, siempre tienes la opción entre tener razón o ser bondadoso. Cuando tomas la opción de tener razón, en realidad lo que estás haciendo es decidir que la otra persona esté equivocada, e inmediatamente estás creando desarmonía. Cuando eliges la opción de ser bondadoso, está hablando tu yo superior, el testigo. De modo que en lugar de decir: "¿Sabes? Ya es la cuarta vez que me has dicho eso esta semana. Siempre estás tratando de demostrar que estoy equivocado, ¿quién te has creído que eres?", puedes elegir decir: "¿Sabes? Estás proponiendo un punto de vista interesante. Nunca lo había considerado así". El testigo habrá tomado el mando, y tú eliminarás toda la preocupación y el estrés que acompañarían a un altercado. De modo que cuando tengas que elegir entre tener razón o ser bondadoso, elige ser bondadoso. Podrás ver esos conflictos con facilidad y resolverlos pacíficamente.

—Mantente en sintonía con tu mundo interno. Nota tus pensamientos, y a continuación toma conciencia del pensador de los pensamientos, el tú invisible que está detrás de ese pensamiento. Muchas veces pensamos que somos el pensamiento en lugar del pensador del pensamiento. Y el pensador del pensamiento es como el observador; es eso que está observando.

La mecánica de la creación que estamos aprendiendo a través de la física cuántica nos muestra que poner nuestra atención en algo hace que seamos capaces de manifestarlo desde el estado de onda al estado de partícula. En otras palabras, si mantenemos nuestra atención en aquello que queremos manifestar, lo cambiaremos de un estado de onda —es decir, de un estado de pensamiento— a un estado de partícula, o forma. Esta noción, y todo esto de la física cuántica, es muy intrigante, especialmente cuando te das cuenta de lo fácil que es aplicarlo a tu propia vida. Basta con recordar que tú eres eso que está observando, en lugar de eso que está siendo observado.

—Tómate tiempo para apreciar la belleza que hay en tu vida. Tómate tiempo para ser contemplativo. Tómate tiempo para ver que este es un universo magnífico. En todo esto está presente una inteligencia, y todo aquello con lo que te cruzas tiene algo que puedes apreciar. En lugar de llenar tu mundo interno de críticas, escepticismo, duda, angustia o dolor, entiende que siempre tienes elección. Todos tus pensamientos son cosas que tú controlas. Una vez que aprendes que aquello en lo que piensas es lo que se expande, puedes poner tu atención y energía en lo que aprecias, más que en lo que piensas que no está funcionando bien para ti. Entonces verás que las cosas que están en la conciencia elevada se manifiestan para ti. Todo comienza cuando entras dentro.

CLAVE 3: SILENCIA EL DIÁLOGO INTERNO

La tercera clave de la conciencia superior es: "Silencia el diálogo interno". Una vez más, esto fluye de un patrón estructurado: en primer lugar, aprendes a desterrar la duda. A continuación, cuando la duda comienza a disiparse, tienes la oportunidad de cultivar el testigo, que solo puede estar ahí cuando no dudas. A medida que adquieres pericia en cultivar el testigo, descubres que la mejor manera de ser el testigo es en silencio. Tienes que aprender a estar en silencio a medida que acallas el diálogo interno.

El diálogo interno no es más que el inventario de tus creencias, que te han sido transmitidas por las personas bien intencionadas durante toda tu vida, y están cargadas de dudas. Es una repetición constante de todas esas cosas que te han sido transmitidas y que te impiden alcanzar un sentido del propósito o conocer tu yo superior. Es el funcionamiento de tu ego. Comentaremos extensamente el ego en el capítulo siguiente, pero, de momento, entiende que, para llegar a un lugar más elevado, tienes que llegar a conocer a Dios, o esta presencia amorosa que está contigo en todo momento. Y no puedes hacerlo si estás siempre a la entera disposición de tu diálogo interno.

Una vez más, simplemente observa los pensamientos sin juzgarlos. Esto se vuelve más fácil cuando aprendes a convertirte en el testigo, porque nada puede llegar hasta ti. Te lo digo porque lo sé. Una vez que llegas a ese lugar silencioso, vacío, invisible, sabrás a qué se refieren cuando dicen que es el espacio entre las barras el que contiene al tigre. Es el silencio entre las notas el que crea la música. Necesitas silencio, de modo que date todo el que puedas.

En el *Tao Te Ching*, Lao-Tsé dice:

Quédate totalmente vacío.
Deja que tu corazón esté en paz.
En medio del ajetreo del ir y venir del mundo,
observa que los finales se convierten en comienzos.

*Las cosas florecen, una a una,
solo para volver a la Fuente...
a lo que es y a lo que ha de ser.
Retornar a la raíz es encontrar paz.
Encontrar paz es completar nuestro destino.*

Hay gran cantidad de pensamientos profundos sobre el diálogo interno en este décimo sexto versículo del Tao, pero, para nuestro propósito, el elemento principal es aprender a alejarse del parloteo constante. Procura pensar en la mente como en un estanque de agua con distintos niveles. La superficie, que es un pequeño porcentaje del estanque, es donde están todas las alteraciones; la mente es muy parecida a esto. En el estanque, la turbulencia de las olas, las hojas, el barro, el viento, el congelarse y descongelarse constantemente, el golpeteo de la lluvia, la nieve cubriéndolo y así sucesivamente, todos ellos son alteraciones. En la mente está este parloteo constante, este constante rumiar.

Si dejas caer una piedra sobre el estanque de la mente, y cae un poco por debajo de la superficie, encontrarás lo que llamamos "análisis". Este analizar las cosas es, en esencia, violencia intelectual. Debajo de la superficie, la mente hace esto constantemente: *¿Por qué hizo él esto? ¿Por qué ella hizo eso? ¿Por qué está esto funcionando así?*

A medida que aprendes a ser contemplativo, vas un poco más profundo dentro de la mente. La piedra cae por debajo del nivel del análisis a lo que se denomina "síntesis". En la síntesis, las cosas se mantienen juntas en lugar de separarse en pedazos. La mente ve las conexiones entre las cosas, y la ilusión de que estás separado se quiebra. Ves cómo está conectado todo.

A medida que la piedra cae un poco más abajo, va al lugar en el que se han retirado todos los pensamientos, lo que llamamos "vaciar la mente". Te quedas muy silencioso. Entras en la "apertura", en ese espacio entre tus pensamientos.

En último término, la piedra viene a descansar en el lugar Divino y perfecto que tiene muchos nombres, donde reside Dios. Aquí está esa cualidad Divina que se halla dentro de ti. Como dice la Biblia: "Con Dios, todo es posible" (Mateo, 19:26). Ahora bien, ¿puedes decirme lo que esto deja fuera? No deja nada fuera. La voz una y única de Dios es el silencio, de modo que el mayor tributo que puedes darte a ti mismo es espacio para oírlo.

Cuando te permites acallar tu diálogo interno mediante el proceso de cultivar el testigo y de desterrar la duda, abandonas los sistemas de creencias que te han sido enseñados por tantas personas bien intencionadas. Aquí es donde tus creencias empiezan a cambiar hacia el conocimiento. Destierras toda duda con respecto a tu yo superior y llegas a *conocerlo*.

Esta es la tercera clave de la conciencia superior. Consiste en poner más silencio, espacio y contemplación en tu vida, en aceptar menos el tumulto interno que aleja de ti la paz y la armonía.

Estas son algunas sugerencias para acallar tu diálogo interno:

—Te recomiendo esta afirmación, que yo uso con frecuencia: *Cuanto más escucho, más profundo se vuelve el silencio*.

—Prueba este ejercicio, que emplea la metáfora de la piedra cayendo a través de los distintos niveles de tu mente. Nota que vas a hacerlo desde la perspectiva del testigo, de modo que tal vez quieras releer esa sección antes de hacer esta visualización. Tienes que ser capaz de observar mientras está ocurriendo.

Visualiza tu mente como un estanque y ve las alteraciones de la superficie, el parloteo. A continuación, ve el análisis. Contempla la piedra caer hasta donde sintetizas, y ve los pensamientos empezando a aquietarse. Observa el vaciamiento de la mente. Por último, observa la piedra llegar a este campo perfecto y Divino de todas las posibilidades. Cuando llegas a ese campo, solo conoces la dicha. De esa experiencia traerás contigo soluciones a las cosas que tanto te inquietan. Las soluciones se vuelven muy reales, porque están donde se encuentran los problemas. Ya no buscas la solución fuera. Ahora estás mirando en otra dirección, hacia dentro, donde puedes sintonizar directamente con la sabiduría de tu yo superior.

—Cuando notes que tu mente empieza a estar muy llena de pensamientos o en un estado de torbellino interno, practica el no enfocarte en nada durante unos momentos. Lleva un poco de quietud al parloteo interno. Dite a ti mismo: *Mi mente está llena de la alteración del parloteo y de los pensamientos. Voy a intentar pasar cinco minutos sin que la bombardee ningún pensamiento.* Es casi como si pusieras una burbuja en torno a tu mente. Cuando un pensamiento trata de penetrar en la burbuja —en realidad, esto es lo que hace el ego—

el pensamiento dice: *piénsame*. A continuación, viene otro pensamiento y dice: *¡No, piénsame a mí! Yo soy muy importante*. Entonces cedes. Y tu primer pensamiento es: *Esto es una tontería*. A continuación, viene otro pensamiento: *Tienes trabajo que hacer*. Y otro dice: *Tienes que acordarte de hacer la compra de camino a casa*. Y otro más dice: *Sí, tienes que pagar las facturas*. Cada uno de ellos dice: *piénsame*. Es el ego intentando convencerte de que eso es lo que tienes que hacer.

De modo que pon una burbuja alrededor de todo eso y deja que reboten. Usa la respiración como un medio para mantener la mente alejada del parloteo incesante. La respiración y el pensamiento van de la mano. Toma inspiraciones largas y profundas; y realiza largas y profundas espiraciones. A medida que te concentres en esto, descubrirás que te llenas de paz.

También podrías usar de esta manera el latido del corazón, como punto focal para el testigo. O cuando encuentres que tus pensamientos están justo debajo de la superficie, en el nivel del análisis, piensa en una rosa. A medida que reemplazas el análisis por la belleza de una rosa, piensa en lo que dijo Rabindranath Tagore, el gran poeta indio: "Llevamos una rosa a nuestra amada porque en ella ya hay un mensaje encarnado, el cual, a diferencia de nuestro lenguaje de palabras, no puede ser analizado". Simplemente es. No necesita análisis. Y tú tampoco, y tu vida tampoco.

—Otra sugerencia es que cuando estés en el nivel de la síntesis, cuando estés sintiendo la belleza y la unidad de la vida, puedes descubrir que estás teniendo pensamientos de placer sobre el disfrute del espacio espiritual. Suelta esos pensamientos también. Quieres acallar *todo* este diálogo interno que enturbia el camino hacia el campo de las posibilidades. El ego disfruta convenciéndote de que tú eres mejor que otros porque eres más espiritual. Esta es una de las grandes trampas.

A medida que sientas que te vuelves más espiritual, a medida que te sientas más despierto, a medida que experimentes la verdadera libertad de la conciencia superior, podrías pensar: *yo ciertamente soy más espiritual que las personas que me rodean*, o *en realidad mi pareja no sabe en qué camino estoy*, o cosas así. Esto es el ego atrapándote con el pensamiento de que eres mejor o más especial. No lo eres. Cada cual está en su lugar a lo largo del camino de la vida, y ninguno de nosotros es más especial o mejor a los ojos de Dios. Todos somos extensiones de esa amorosa presencia Divina. No somos "mejor que". A medida que sintetices y veas que todas las cosas están conectadas, no dejes que el ego te convenza de que, de algún modo, eso hace que seas superior. Al ego le encanta que caigas en esta trampa.

—En cualquier momento de tensión, ve dentro y deja que caiga la piedra, aunque solo sea por unos segundos. Puedes hacerlo en cualquier lugar, en cualquier momento. Puedes hacerlo incluso en medio de una reunión ajetreada: excúsate por un momento, sal fuera y aquiétate. Contempla la piedra caer, y deja que la calma y la serenidad del yo superior tomen el mando. Cuando regreses de eso, descubrirás que vuelves a la reunión con una claridad que no tenías antes, porque has permitido que en ese momento tu yo superior dirija tu vida en lugar de tu ego.

Vas a cortar la conexión entre los pensamientos y sus resultados aquietando la mente, y esa quietud te producirá una gran alegría. Cuando el ego está en silencio, todas las cosas del catálogo de tu personalidad que están asociadas con el deseo egoísta empiezan a desaparecer. Cosas como la soledad, la desesperación, la enfermedad, el enfado, el miedo y la preocupación son, todas ellas, parte del catálogo de tu personalidad y pueden hacer mucho ruido, excepto cuando te aquietas y escuchas tu voz superior interna.

—Finalmente, te recomiendo que te apuntes a una clase de artes marciales del tipo que sea, y entender así la energía de aquietarte y permitir que tu cuerpo funcione en su perfecto orden Divino.

Es vitalmente importante que cortes la conexión entre tu manera de pensar y los resultados negativos, y ciertamente las tres claves que hemos detallado aquí te ayudarán a hacer eso. No obstante, hay una cuarta clave que vamos a examinar muy de cerca en el capítulo siguiente. Tomadas conjuntamente, estas claves hacia la conciencia superior te darán un poder y una libertad que nunca podrías haber imaginado.

CAPÍTULO 6

DOMESTICAR EL EGO (LA CUARTA CLAVE)

La cuarta clave hacia la conciencia superior es tan importante que requiere su propio capítulo. Se denomina "domesticar el ego", y fluye directamente de las tres primeras claves. Después de desterrar la duda, descubres que tienes un conocimiento, más que una creencia, con respecto a las cosas. Entonces eres capaz de alcanzar la perspectiva del testigo, notando lo que ocurre de manera desapasionada. En el proceso, aprendes que la mejor manera de cultivar el testigo es hacerlo en silencio.

El ego trabaja muy duro para mantenerte alejado de ese lugar Divino que es una mente aquietada, haciéndote creer que no hay nada de valor para ti en el silencio. Más que nada, el ego está a favor de la autopreservación, y te dirá cosas como: "No puedo creer que ahora estés permitiéndote caer en todas estas tonterías". "Todas estas tonterías" simplemente hace referencia a que entiendes que ya es hora de escuchar a tu conciencia superior. A medida que retiras la duda, cultivas el testigo y acallas el diálogo interno, estás impidiendo que el ego interfiera en la toma de las decisiones diarias de tu vida.

En este capítulo aprenderemos algo más sobre el ego para poder entender con claridad qué es lo que tenemos que domesticar.

SIETE CARACTERÍSTICAS DEL EGO

He identificado siete características específicas del ego, de las que hablaré brevemente aquí y que ampliaré más adelante a lo largo del libro:

1. **El ego es tu falso ser.** Es tu *idea de ti mismo* y, por lo tanto, no es tu verdadero ser. Tu ego no es real; es una ilusión. Es algo en lo que has llegado a creer. El ego trata de convencerte de que eres algo que no eres. Quiere que creas que tú eres este cuerpo, de modo que tienes que hacer que sea mejor que los cuerpos de otras personas, y tienes que tener más riquezas, y así sucesivamente. Esto es falso porque a tu verdadero ser —que es eterno, inmutable e informe— no le importa ninguna de esas cosas.

2. **Enseña separación**; es decir, que estás separado de Dios y de otras personas. Tu ego te dice que eres distinto de todo el mundo, y que esa singularidad y separación deben alimentarse y protegerse en todo momento. Estás comparándote constantemente con otras personas o defendiéndote de ellas. Sin embargo, tu ser real sabe que todos somos uno.

3. **Te convence de que eres especial.** El ego dice que no solo estás separado de otros, también eres especial: eres mejor que otros debido a quién eres y a tus antecedentes. Tienes que deshacerte de esta idea porque, si eres especial, eso significa que los demás no lo son. Todos somos especiales a los ojos de Dios, entonces, ¿por qué necesitamos usar un término como *especial*? Solo es otro producto del ego.

4. **Siempre está dispuesto a sentirse ofendido.** El ego te convence de que cualquier cosa que no sea como tú piensas que debería ser es un buen motivo para sentirte ofendido. Esto refuerza la idea de que tú eres mejor que las personas que te ofenden, y que Dios está haciendo un trabajo que tú, de algún modo, tienes que corregir. Cuando te sientes ofendido, te enfadas, luchas y proteges tu sensación de ser especial y de estar separado. Tienes que aprender a tratar a los demás como tratarías a un jaguar que estuviera intentando comerte. No te sentirías ofendido por él. Dirías: "Me gustaría no interponerme en su camino, pero no me siento ofendido porque él sea como es". Así es como tienes que aprender a estar con todas las personas y las cosas del mundo.

5. **Es cobarde.** Me encanta esta cita del doctor Kenneth Wapnick, que fue un maravilloso maestro de *Un curso de milagros*:

> *El ego no es nada más que una creencia, y es la creencia en la realidad de la separación. El ego es el falso ser que aparentemente vino a la existencia cuando nos separamos de Dios. Por lo tanto, mientras creamos que la separación es real, el ego estará activo. Una vez que creemos que no hay separación, el ego está acabado. Y la cobardía es una característica del ego porque hará todo lo que esté en su poder para que sigas creyendo que estás separado de todos los demás.*

El ego opera en base al miedo y la cobardía. Le aterroriza que llegues a conocer la parte más elevada de ti mismo, y hará todo lo posible por impedir que mires directamente dentro y sintonices con ese poder interno. El ego tiene miedo de la luz celestial que está dentro de ti, ese conocimiento interno de dicha y paz, porque tu adherencia a él significa que el ego ya no es necesario en tu vida. Tu luz interna transforma la cobardía del ego del mismo modo que el miedo a la oscuridad se transforma cuando enciendes la luz. Dicho de otra manera, el comportamiento cobarde simplemente es un síntoma de tener mucho miedo, y el antídoto del miedo es el coraje.

6. **Prospera con el consumo.** El falso yo te bombardea continuamente con la idea de que debes tener más para ser feliz. Te empuja a compararte con otras personas, a mirar a todas tus adquisiciones y decir: "Soy mejor que los demás y más especial porque tengo un coche más nuevo, una casa más grande, ropa más elegante y una pareja más atractiva". Siempre está empujándote a consumir para que puedas reforzar tu separación. Como hemos aprendido, estas ideas son falsas, puesto que la auténtica libertad nunca requiere más.

7. **Y, finalmente, el ego está loco.** Una de las definiciones de locura es "cuando alguien cree ser algo que no es". Bueno, el ego siempre quiere hacerte creer que tú eres este falso yo, que está separado y es distinto de los demás en todos los sentidos, en lugar de ser algo que está conectado con y es parte de la Divinidad, a la cual teme más que a ninguna otra cosa.

NO HAY SEPARACIÓN

A pesar de la insistencia de tu ego, no estás separado de nadie. No necesitas ser mejor que nadie, ni eres más especial que cualquier otra persona del mundo. Tú eres eso que es eterno e inmutable. Cuando sabes que eres del espíritu, que Dios está dentro de ti, ya no tienes que demostrarte que eres mejor que los demás ni sentirte ofendido por sus acciones.

No estoy diciendo que vayas a necesitar *conquistar* al ego. Aquí no va a haber lucha; esto no es una guerra. Más bien, tienes que *domesticarlo* entendiendo lo que no eres: tú no eres tu cuerpo, tú no eres tu nombre, tú no eres tu ocupación, tú no eres ninguna de estas cosas que has llegado a identificar con tu ser. De hecho, eres un alma eterna, una parte de la sabiduría Divina. Cuando llegas a conocer y a creer en tu verdadero ser, en lugar de en la idea que tienes de ti mismo, aprendes a confiar en la misma sabiduría que te creó.

Cuando alcanzas la conciencia espiritual acrecentada, lo que esta hace principalmente es deshacer la ilusión de que estás separado. A medida que contemplas las cosas horribles que le pasan a la gente —todas las luchas, toda la pobreza, todo el hambre, todas las cosas que yo he pasado buena parte de mi vida adulta tratando de erradicar—, entiendes que no solo nuestra alegría es Divina y universal, también lo es nuestro sufrimiento. Todas las cosas que le pasan a uno de nosotros en la vida, nos pasan a todos.

Por lo tanto, es esencialmente importante soltar cualquier sensación de "nosotros contra ellos". Puedes empezar abandonando la necesidad del ego de estar separado de los demás. Comienza a verte a ti mismo como un miembro de la familia humana. La mano que da recoge, de modo que comparte con tus vecinos, e incluso con extraños, como si fueran parte de tu familia, porque lo son.

Cada vez que voy a otro país y paso la aduana, pienso en lo tonto que es todo esto. Alguien decidió que había que poner una frontera, y aquí estamos ahora, cientos o incluso miles de años después, teniendo que obtener pasaportes y rellenar formularios para pasar de un pedazo de tierra a otro. Hace siglos alguien decidió que tenía que ser así, y ahora estamos fijados en esa mentalidad. Por supuesto que tenemos que seguir leyes y regulaciones externas, pero internamente debemos saber que todos estamos conectados. En el fondo, todos somos lo mismo, todos formamos parte de una tribu llamada humanidad.

Otra manera de poder seguir soltando esta idea de nosotros-contra-ellos es darte cuenta de cuántas veces usas el pronombre *yo* al cabo de una hora. Cuando dejas de enfocarte en ti mismo, considerándote distinto de otras personas, tienes más energía para extender tu conciencia a todos. Cuando te ves a ti mismo en términos de *nosotros*, como parte del todo, abres un espacio dentro de ti para la energía amorosa que va a crear la libertad de la conciencia superior.

Como nosotros somos pensamiento, y el universo es pensamiento, la vibración más rápida que tenemos para poder crear o destruir está en nuestra propia mente. Nuestra mente forma parte de la mente universal, de modo que, en realidad, crear unión y unidad no es difícil para nosotros. Pero el ego intenta con mucho empeño impedir que nos demos cuenta de que tenemos este poder.

Al ego le gusta mantenerte distraído de los mensajes de tu conciencia superior que afirman tu capacidad de establecer cambios profundos y duraderos. Te mantiene absorto en asuntos triviales, como el café que tienes que tomar por la mañana para poder funcionar, los dulces que tienes que zamparte antes de ir a dormir por la noche, y todas las distracciones diarias a las que dedicas tanta energía. Preocupaciones insignificantes, como que este informe esté rellenado correctamente, que ese plazo de entrega se cumpla o que esas personas estén siguiendo las instrucciones, y así sucesivamente, acaban ocupando una gran parte de tu tiempo.

Una vez que dejas ir todo esto, puedes enfocarte en los mensajes de tu yo superior. Descubrirás que hay un impulso profundo, significativo y poderoso que está en el núcleo de tu ser. Tienes una profunda necesidad de tu propósito, la razón por la que fuiste puesto originalmente en este planeta. También sabes que el propósito guarda relación con la unidad; no tiene nada que ver con la separación u otros afanes superficiales del ego.

TU SER REAL

Tu ego te dice que tienes que competir y consumir. A fin de probarte a ti mismo, debes tener más juguetes. Necesitas acumular más. Debes conseguir más. Tu ego te dice que el aspecto de tu cuerpo es importante, y también cómo hueles y cuántas joyas llevas puestas. Ahí fuera hay todo un mundo de egos lidiando con otros egos, todo el mundo diciendo a todo el mundo lo importantes que son. ¡Pero tú no tienes que ceder a eso! Tú no tienes que decir: "Sí, ¡pero deberías oír lo que yo hice! Déjame que te cuente".

Has de saber que esta autoimportancia no tiene nada que ver con la autoestima. La autoestima es algo dado. No tienes que cuestionar tu autoestima, tu valía, tu confianza en quién eres. Tú eres una creación de Dios; tú eres Divino. Lo que ocurre es que simplemente Dios no tiene favoritos, ni comete errores, ni piensa que nadie es especial. Cuanto menos te absorbes en ti mismo, más libertad tienes. Cuando estás muy pendiente de que todas las cosas tienen que ser de cierta manera, eso te arrebata tu libertad. El ego promueve este tipo de apego, mientras que el yo superior no se apega a él.

Puede ser útil pensar en el ego como en una sombra: cuando sales a la luz, proyectas una sombra. La sombra, como tu ego, no es real. No puedes agarrarla. Es una ilusión. Lo que es real, por supuesto, es tu yo superior. Conocer tu yo real es maravilloso porque entonces no vives con la sombra ilusoria, que siempre está cambiando.

Asimismo, miras este envoltorio en el que estás metido, y cada pelo gris y cada arruga que aparece es como una pequeña notificación que te recuerda tu muerte. El ego quiere que creas que tu identificación primaria debería ser con tu cuerpo. Para el ego, el suceso más vergonzoso del mundo es la muerte. Pero tú sabes que no eres este cuerpo; tú eres eso que está observándolo. Tu verdadero ser es eterno e inmutable.

Otra manera genial de expresar lo anterior viene del *Bhagavad Gita*: "Nunca naciste; ¿cómo podrías morir? Nunca has sufrido cambio; ¿cómo podrías ser cambiado? No nacido, eterno, inmutable, inmemorial. Tú no mueres cuando el cuerpo muere". Qué noción tan liberadora cuanto te identificas con la parte de ti que es inmutable y eterna, en lugar de con el cuerpo, que el ego promociona con tanta fuerza.

Quiero reforzar este punto: el yo superior es el yo real; el ego es la sombra. Eso que no cambia nunca, eso que nunca nació, eso que es eterno es la parte de ti que está procesando esta lectura ahora mismo. Es muy importante que recuerdes esto.

Cuanto más entro en esta área de la conciencia superior y de la conciencia espiritual acrecentada, más asombrado me quedo. Me deja profundamente impresionado. Conocer el ser real, el Dios interno, significa que nunca estás solo. Todo lo que alguna vez hayas necesitado está aquí mismo para ti en abundancia, y continúa presentándose. Me gusta ponerlo a prueba en el momento. Es algo así como: "De acuerdo, Dios. Si realmente estás aquí, prueba con esto". Puedo estar en el proceso de escribir algo que esté muy alineado con el propósito, sin apegarme a si a la gente le va a gustar o no, o si mi editor va a estar contento con ello, o si va a entrar en la lista de éxitos de ventas, o si voy a ganar dinero... Todas esas cosas ya han salido de mi vida. En estos días, me enfoco en escribir desde el corazón. Me planteo esta pregunta una, y otra, y otra vez más: *¿Cómo puedo salir de mi ego? ¿Cómo puedo servir?* Las respuestas me llegan indefectiblemente.

Cuando escribo un libro, pienso en él durante aproximadamente un año, voy pensando las ideas en mi mente. Y cuando estoy preparado para escribir, me voy de la oficina y de casa, pero me quedo cerca. Alquilo una habitación grande y la lleno de libros: libros que algunas personas me han enviado, otros que he estado leyendo, unos pocos de los que he oído hablar, aquellos que los editores me envían para que los revise, y todo eso. Para mí, este proceso ha puesto de relieve que los accidentes no existen. Incluso si pienso que un libro no tiene nada que ver conmigo, contiene una parte de conciencia. Puedo abrir cualquier libro y encontrar allí mismo exactamente lo que había estado buscando. De modo que me rodeo de todo tipo de cosas, y después me detengo en medio de la escritura, voy allí y tomo un libro al azar. Puedo confiar en que lo que necesite estará allí para mí.

Si tú también puedes llegar al punto en el que la parte más elevada de ti procese cualquier cosa que se presente en tu vida, ya no estarás a merced del ego: estarás escuchando a tu yo real. En ese momento ocurrirán cosas asombrosas. Cuando dejas ir y confías, se manifiestan los milagros.

CAPÍTULO 7

CONOCE QUE TODOS SOMOS UNO

Hablemos por un momento de las células. Cuando hay armonía dentro de una célula, la célula de al lado colabora con ella. No trata de herirla o destruirla; está en paz. De este modo, la armonía y la colaboración son la esencia de la vida. Cuando no hay facilidad, serenidad o paz dentro de la célula —cuando hay enfermedad o tensión— se pone agresiva y trata de dañar a la célula vecina. Esa célula enferma no está referenciada a la totalidad. Y si algo no está referenciado a la totalidad, tampoco toma en *consideración* el todo.

Por ejemplo, hay muchas formas de vida que crean su hogar en nosotros y dentro de nosotros, que pueden parecer feas si las vemos a través de un microscopio, pero están referenciadas a la totalidad. Tanto si se trata de los microbios en las paredes internas del estómago y en los intestinos, en las uñas de los pies o dentro de la nariz, todos ellos se referencian a la totalidad y trabajan en conjunto o en armonía.

De hecho, si bien cada uno de nosotros pensamos en nosotros mismos como una unidad singular, estamos constituidos por muchas vidas, muchas bacterias que trabajan conjuntamente en y dentro de nosotros. Caminamos por ahí todo el día pensando, *soy un individuo: soy una isla.* Sin embargo, sin la concurrencia de esos millones de vidas microscópicas trabajando conjuntamente, ¡no podríamos sobrevivir! Si entrara en nuestro organismo algo que ya no estuviera referenciado al todo, nosotros seríamos eliminados junto con ello. Así, la desarmonía nos destruiría.

Cuando no tenemos armonía dentro, el cáncer puede crecer e influir en otras células para que enfermen; en consecuencia, puede destruirse a sí mismo y de paso al cuerpo entero. En la sociedad, un cáncer opera de manera parecida. Es decir, cuando un individuo —una "célula" que no se siente bien dentro de sí misma y no se referencia a la totalidad de la sociedad— no se ve a sí mismo como parte de nosotros, puede influir en todos los que le rodean hasta alcanzar un estado en el que se destruye a sí mismo.

De modo que la respuesta a un cáncer, sea en una célula o en la sociedad, es conseguir la armonía interna. Si tienes armonía dentro de ti cooperarás con la célula que está a tu lado, tal como hace la célula de tu cuerpo: es lo mismo. En ambos casos, esta es la respuesta que lleva a la paz y a la salud.

Todo esto es una mini-lección sobre filosofía metafórica. Todo es relativo: esto es lo que nos enseñó Einstein. Y Nietzsche dijo: "Como todas las cosas son relativas, ¿a qué hora Múnich se para en este tren?" Esto te dará algo en que pensar.

Pero todo *es* relativo. ¿Es la célula del cuerpo más grande o más pequeña que la célula que eres tú, que esta totalidad que eres tú? En un universo sin fin, que otra célula sea más grande o más pequeña que tú es simplemente una cuestión de contexto. Cada parte del todo es tan necesaria e importante como cualquier otra.

Pensando en ello de otra manera, la bacteria que tengo en la uña del pie, que parece tan lejos de mí, sigue siendo parte de mí. Todos somos uno. Como comentamos en el último capítulo, la unidad y la universalidad no son mera especulación: estamos conectados con todo. Si todos tenemos armonía en nuestro interior y estamos fluyendo con el universo, esto puede ser lo más poderoso del mundo.

TODO EL MUNDO ESTÁ CONECTADO Y ES NECESARIO

Un día, mientras corría, estaba pensando en que todos somos uno pero, sin embargo, estamos muy atascados en la separación. Había otro corredor como a unos treinta metros delante de mí, y al observarle pensé: *¿Cómo puede ser que yo sea uno con esta persona? No sé su nombre. No sé nada de él en absoluto. ¿Cómo podría haber una conexión entre nosotros?* De repente, tuve la asombrosa comprensión de que, aunque había cierta distancia entre él y yo, estábamos absolutamente conectados. Recordé que todos lo estamos, pero tendemos a mirar las cosas desde una perspectiva muy limitada. Una vez más, al ego le encanta convencernos de nuestra separación.

Esto es algo que puedes probar la próxima vez que vayas a entrar en una estación de servicio y alguien te bloquee el paso, o que te haya quitado el aparcamiento. En lugar de sentirte molesto, date cuenta de que esa persona está exactamente donde tiene que estar. No te enfades, trátalo con aceptación. Acuérdate de tener siempre el corazón abierto. Observa tu conexión con esta persona en lugar de su separación de ti; ¡trátala como si fuera parte de ti porque lo es!

Procura encontrar otras oportunidades de practicar este ejercicio mental, recordando que todo el mundo ahí fuera está, de algún modo, en algún sentido, conectado contigo. Deja de mostrarte antagónico hacia los demás. Piensa en cómo te irían las cosas si te mostrases antagónico con los microbios que viven dentro de tu intestino grueso, diciéndoles: "Voy a hacer todo lo posible para sacaros de ahí". ¡Eso te mataría! Literalmente necesitas esas vidas. A otro nivel, esto es igualmente verdadero para toda la humanidad. De modo que empieza a ver a todo el mundo como parte de ti, necesario para tu existencia. Antes de que pase mucho tiempo, estarás sintiendo una fuerte sensación de conexión, tal como me ocurrió a mí con el otro corredor.

Entenderás todo esto cuando abandones esta forma a la que estás tan apegado y vayas a otra dimensión: verás claramente que toda la humanidad es una. Imagina que pudieras ver a toda la humanidad representada en un rompecabezas, pero en el que falta una pieza. Por supuesto, tu ojo iría directamente a la pieza que falta, notando que el rompecabezas no puede estar completo sin esa pieza. Bueno, tú eres una de las piezas de este rompecabezas llamado humanidad, y si estás ausente de él o no estás en armonía, haces que la totalidad esté incompleta. Eres exactamente así de importante como persona: tú completas a la humanidad.

La ciencia está demostrando lo que la metafísica ha venido diciendo durante siglos. Cuando estudias la vida al minúsculo nivel subatómico, todas las partículas parecen estar conectadas de manera misteriosa. Todas parecen estar controladas por alguna fuerza externa, por alguna cosa mística, y todas ocupan su lugar a propósito. No hay nada de aleatorio en ello. En el universo no hay casualidades.

Este concepto me parece muy intrigante. Si cada partícula subatómica está ahí a propósito y estamos hechos de ellas, ¿por qué no sería esto aplicable a nosotros? Recuerdo que un día estaba en la ciudad de Nueva York en torno a las cinco de la tarde, y vi a mucha gente salir de debajo del suelo. Parecía un hormiguero. Todos acababan de salir del metro y estaban yendo al mismo tiempo a algún lugar. Ahora, mirando atrás, pienso que todos estaban allí a propósito, como las partículas subatómicas.

Este tipo de cosas nos parecen aleatorias porque nuestra visión es muy estrecha; tendemos a ver todas las cosas desde la limitada perspectiva de nuestra forma. Cuando sabes que todo es a propósito, eso hace que te detengas. Ves a todos haciendo exactamente lo que se supone que tienen que hacer. Están justo donde tienen que estar, y tú sientes que te recorre una bendita ola de aceptación.

AMA DAR SIN ESPERAR RESULTADOS

En estos días, casi siempre transformo las situaciones que solían disgustarme en ocasiones de amar. Por ejemplo, un día volví a mi coche y descubrí a la vigilante del parking poniéndome una multa por haberme retrasado aproximadamente treinta segundos del tiempo asignado. Hace diez años habría reaccionado con enfado: "¿¡Cómo te atreves!?" Pero desde entonces he desarrollado una especie de escudo interno contra la forma que otros tienen de comportarse: su comportamiento tiene que ver con ellos, no conmigo. Ya no dejo que el comportamiento de otras personas se apodere de mí, puesto que no es a mí a quien hablan, sino al papel de Wayne-Dyer que tengo alquilado.

En esta ocasión, me acerqué y empecé a hablar con la vigilante. La involucré en una charla sobre temas generales con los que ella podría tratar, como, por ejemplo: "¿Tienes hijos?", y todo eso. En ese momento estaba redactando la multa, determinada a continuar escribiendo. Yo le dije: —Si tienes que ponerme una multa, está bien. No tengo ningún problema con que hagas tu trabajo. Eres una persona amable y agradable. Entonces, ella rompió la multa. Ahora bien, tanto si me hubiera puesto la multa como si no, todo habría estado bien. Mi elección fue dar amor sin estar apegado a ningún resultado.

Asimismo, a menudo hablo con personas que tienen profesiones relacionadas con los servicios —particularmente camareros, azafatas, taxistas y otras parecidas— y he descubierto que las que mejor funcionan son las que entienden este concepto: *Las personas no me están hablando a mí. Están hablando al rol que desempeño. De modo que están tratando el rol de servidor de esta manera, y eso no tiene nada que ver conmigo.*

La manera de tener armonía dentro de ti es a través del pensamiento. De modo que, si alguien te envía odio, pero dentro de ti solo tienes amor, lo único que puedes dar es amor. Además, el hecho de dar te ayudará a disipar el odio. Es muy difícil odiar a alguien que te devuelve amor. Es difícil pelear con alguien que no quiere pelear. No sé si alguna vez has intentado discutir con alguien que no quiere discutir contigo, que no está interesado, que no va a jugar a tu juego. Tienes que aprender a hacer esto con tus hijos todo el tiempo, porque ellos van a intentar arrinconarte constantemente o atraparte en su lógica. Y una vez que la compras, te ves absorbido en ella.

De modo que mis amigos dedicados a las profesiones de servicio actúan hacia los demás al más alto nivel. Es decir, cuando otros les envían angustia, odio y amargura, devuelven amor porque eso es todo lo que tienen dentro. Hacen lo mismo con sus jefes. Han llegado al punto de entender: *Estas personas son difíciles, se comportan de maneras necias y molestas, pero eso no tiene nada que ver conmigo. Eso no es mío en ningún sentido. Yo voy a devolverles amor.*

A medida que despiertas completamente, que estás en tu conciencia espiritual, cada vez te consume menos cómo te tratan los demás. Si las cosas se ponen muy mal, demasiado difíciles para ti, pasas a otra cosa sin amargura. No dices: "Él no debería estar actuando así", o "Ella no es buena", o cualquier otra cosa. Te limitas a tomar distancia, aunque solo puedas tomarla mentalmente. La verdadera clave está en cómo procesas la situación.

Incluso en las peores situaciones, si tú solo puedes dar armonía porque eso es lo único que eres, eres capaz de dar un giro positivo a la situación con mucha rapidez, especialmente si te enfocas en el gran cuadro, y no te apegas a sentirte molesto o enfadado por cómo te está tratando esa persona. Entiendes: *En realidad, no es a mí a quien está tratando así. Porque mi yo real, la esencia misma de quien soy, no es este cuerpo al que está hablando. Se trata de cómo elijo pensar. Se trata de mis pensamientos, y esa persona nunca van a poder tenerlos.*

Otra cosa que ocurre es que empiezas a evitar completamente el conflicto y la conflagración. Es posible que te hayan enseñado que tienes que demostrar que puedes "lidiar con" los que te cuestionan. Bueno, cuanto más despierto y consciente estás, más te das cuenta de que el conflicto es una violación de la armonía. Te das cuenta de que, si participas en él, te conviertes en parte del problema, en lugar de ser parte de la solución. Resulta más fácil evitar el conflicto y la confrontación cuando ya no tienes que tener razón, cuando ves dónde están las demás personas en el camino de la vida y las dejas estar ahí. Si quieren disgustarse porque están en un atasco de tráfico o porque ahora mismo no está funcionando su mando a distancia, eso está perfectamente bien. Yo actúo así continuamente con mis hijos. Ellos tienen cierto apego emocional a si una persona les llama o no, o a si tienen que fregar los platos, o cualquier otra cosa; yo ya ni siquiera hablo de ello. Ellos ya conocen sus responsabilidades. Pienso: *No voy a unirme a ti. Simplemente no voy a dejarme seducir para tener este tipo de discusión,* y me alejo de ello.

Al principio, es como si estuvieras actuando: la situación tiene el aspecto de "fíngelo hasta conseguirlo". Pero después de algún tiempo se vuelve natural. La discordia ya no está en tu vida; ni siquiera la notas. No tienes que ser un flojo ni dejarte empujar o dominar. No necesitas en absoluto que nadie te convierta en una víctima. Simplemente te niegas a participar en nada que te arrastre hacia abajo. Ya sabes que no tienes que engancharte en demostrar que eres mejor que otra persona. Esto no haría que tú tuvieras razón y la otra persona estuviera equivocada. Cuando entiendes dónde están los demás, no te dejas llevar hacia el conflicto. Simplemente eres capaz de pasar a otra cosa.

Si una cantidad suficiente de seres humanos huyéramos de la desarmonía —si acordáramos que ya no va a ser parte de nuestras vidas—, imagina cuántas guerras y conflictos eliminaríamos.

SUELTA EL JUICIO

Todos y cada uno de nosotros formamos parte de la perfección del universo. Todos estamos en el mismo camino, pero cada uno está en un lugar distinto a lo largo del mismo. Una vez que entiendes esto, la armonía es mucho más fácil.

Recientemente oí una entrevista en la que los presentadores despreciaban la música rock tachándola de incivilizada o bárbara. La persona entrevistada era un músico clásico, que dijo:

—Cuando era mucho más joven, me encantaba el rock. Lo escuchaba a todo volumen y mi familia se volvía loca. Después pasé a las baladas y cosas así, y tenía muy poco que ver con el rock and roll. Ahora, por supuesto, compongo música clásica.

Y añadió:

—No menosprecio ningún tipo de música. Sé que he tenido que estar en cada uno de esos lugares en los que me encontré a lo largo del camino para poder llegar aquí.

Este artista talentoso estaba tratando de explicar que no hay necesidad de pensar que alguien está equivocado o es impropio, o incivilizado, por el mero hecho de que haga una elección particular, como la de tocar un tipo de música que no te gusta.

El juicio es la marca del ego, y debes trabajar para sacarlo completamente de ti. Después de todo, cuando juzgas a otra persona, no la defines a ella, te defines *a ti mismo*. Si vas a intentar comprender a los demás, tienes que entender que dondequiera que se encuentren en el camino de la vida es donde tienen que estar para llegar al lugar siguiente. Contémplalas no tanto en función de dónde tú crees que deberían estar, sino de donde están, sabiendo que para ellas estar ahí es absolutamente necesario. No juzgues nada de esto; trabaja en aceptarlo.

Esto no solo es muy sensato con relación a otras personas, también te es aplicable a ti mismo. Cuando veas que las cosas que haces no están funcionando —la búsqueda constante de aprobación, la depresión por la que puedes estar pasando, las relaciones controladoras hacia las que te sientes atraído, el perseguir cosas para poder tenerlas, etcétera— no te juzgues diciendo: "No debería estar haciendo esto". La persona que está realmente despierta y consciente no tiene sitio para el juicio. Cuando llegues a este punto, te darás cuenta cuando te equivoques. Yo sé que lo hago. Puedo estar hablando con alguien y digo: "Bueno, no quiero juzgar, pero...", y a continuación juzgo algo que no me gusta en las noticias, o cualquier otra cosa. Cuando ocurre esto, no me paro a decirme a mí mismo: "No debería estar haciendo esto". Más bien, acepto que todavía tiendo a juzgar. Sé que, en la medida en que juzgo a otros, estoy definiéndome a mí, no a ellos. Así, cada vez me siento menos inclinado a hacer eso.

Finalmente llegas al punto en el que puedes ver el comportamiento de la gente tal como es. No tiene que gustarte, no tienes que decirte a ti mismo que ellos tienen el derecho de herir a otros, ni nada parecido. *Simplemente dejas de juzgarlo*. Ves dónde están a lo largo de su camino, y después haces lo mismo con respecto a ti. Ves dónde estás, y a continuación te das cuenta de que todo lo que estás haciendo es necesario para poder dar el siguiente paso e ir más allá. Verás que tienes que pasar por todo esto para poder dejarlo atrás, para llegar al punto en el que tu yo superior esté al cargo en lugar del ego.

CADA PERSONA ES UN MAESTRO

Viajo por todo el mundo y sé que todas las personas con las que me encuentro tienen algo que enseñarme: tal vez me enseñen a ser un poco más generoso y a dar un poco más, o es posible que solo me enseñen a ofrecer una sonrisa, o a ser amoroso, pero hay una lección ahí.

De hecho, tengo la firme creencia de que cada persona que llega a nuestra vida, desde el extraño que se sienta a nuestro lado en el autobús hasta los miembros de nuestra familia, es un maestro. La clave consiste en posicionarse en el punto de vista del estudiante, con muchas ganas de aprender lo que tengan que enseñarnos. Cuando lo miras de esta manera —descartando algunas de tus actitudes tendentes al esnobismo y esa manera de pensar "yo-soy-mejor-que-tú", "yo-soy-mejor-que-otros", impulsada por el ego—, te abres a recibir frecuentemente la guía del universo.

Considera esa ancianita que va conduciendo por delante de ti a treinta por hora en su antigualla y que apenas puede ver por encima del volante. Bueno, igual ella ha hecho el juramento de que conducirá por ahí sin rumbo, solo para poner a prueba tu habilidad de tratar con ella. Es un regalo de Dios. Tienes que dejar de enfadarte con ella por ser como es e ir de lo que va, y entender que ella está justo donde tiene que estar. Está ahí para enseñarte una lección muy importante. En ese momento en el que estás a punto de enfadarte y adelantarla (y tal vez incluso tener un accidente), justo ahí te enseña la lección: *Tienes que ir más despacio. Relájate.*

Hay un viejo dicho que indica que no serás castigado por estar enfadado; el enfado mismo es tu castigo. Esto tiene mucho sentido para mí. No es que algún día vaya a haber un Juicio Final en el que alguien medirá cuántas veces has estado enfadado y te dará puntos por ello. Más bien, lo que ocurre es que descubres que estás viviendo con ese enfado.

Cuando esperas que el mundo sea como tú quieres que sea, en lugar de honrarlo y celebrarlo tal como es, serás castigado *por* tu enfado, por el hecho de estar enfadado. El enfado, el odio y la amargura —así como todo lo que sale de ti para conseguir que otra persona cambie o porque no te gusta cómo es el mundo— se convierten en las emociones en las que te estás marinando continuamente. Es algo con lo que vives todo el tiempo, y eso es lo único que tienes para ofrecer a los demás. Eso intensifica el estrés con el que estás viviendo, e incrementa tu ritmo cardíaco, generando todo tipo de enfermedades físicas.

De modo que no cedas a nadie el control sobre la parte Divina de ti, la inteligencia que impregna tu forma y constituye tu humanidad entera. Piensa en ti mismo conectado y formando parte del todo, en lugar de asumir el papel de víctima. Recuerda, todo lo que ocurre forma parte de la perfección del plan Divino.

Este es un lugar muy hermoso al que llegar. No te quita tu capacidad de elegir; lo que te quita es el deseo de que el mundo sea como tú crees que debería ser, en lugar de como es. Todo depende de cómo percibes las cosas y de cómo eliges procesarlas. Si ves a cada persona como un maestro, siempre estarás abierto a la educación del universo.

Incluso aquellos que nos producen un profundo enfado y frustración, y que podrían ser tildados de "pequeños tiranos", pueden ofrecernos lecciones muy valiosas. La sociedad nos ha transmitido la idea de que son malos, de modo que debemos odiarlos, o al menos ignorarlos. Sin embargo, tal como hemos aprendido, todas las personas y cosas que vienen a nuestro camino tienen un propósito. No podemos ser seres despiertos con una conciencia espiritual acrecentada, ni ser auténticamente libres, si creemos que solo las cosas que nos gustan y aprobamos forman parte del plan Divino. No, *todo* es parte del plan Divino, punto. No hace falta que nos guste ni que lo entendamos para que forme parte de la Divinidad.

Mi padre fue un pequeño tirano, y sin embargo influyó en mí de manera drástica. Yo le llamo mi mayor maestro, puesto que fue el acto de perdonarle el que me llevó a un nivel superior de conciencia. También les ha ocurrido a muchas de las personas cuyas vidas he tocado en mi papel de terapeuta y amigo, y veo que la persona hacia la que sienten más enemistad y enfado fue el mayor maestro de *sus* vidas.

Si examinas las veces en las que te has trasladado a un lugar espiritual superior a lo largo de tu vida, a menudo descubrirás que vino precedido por algún tipo de caída, como un divorcio, una bancarrota o una enfermedad inexplicable. Esto no solo es cierto para cada uno de nosotros individualmente, también lo es para todos colectivamente. Con frecuencia, los conflictos y las dificultades por las que pasan las naciones nos enseñan a trascender ese nivel de pensamiento a fin de resolver nuestras disputas.

Cada una de las caídas de tu vida, y cada pequeño tirano que se haya presentado en ella, en realidad ha sido una oportunidad para el avance espiritual. Lo creas o no, al ego le aterroriza tu caída: preferiría que tuvieras una corriente de desdicha estable y constante. No quiere que tengas una gran crisis. No quiere que tengas un ataque al corazón. No quiere que pases por un divorcio. Tu ego sabe que, cuando te caes, es cuando sueles encontrar a Dios. Ahí es cuando vas a la parte más elevada de ti mismo y al ego le aterroriza el yo superior o que Dios forme parte de tu vida.

Con esta nueva perspectiva, estoy seguro de que, si miras atrás, puedes ver que en realidad cada caída que has experimentado ha sido un propulsor energético para que ascendieras a un nivel superior de conciencia. Por lo tanto, te sugiero que, a partir de ahora, cuando te encuentres con un pequeño tirano en tu vida, en lugar de verlo como alguien a quien ignorar o con quien enfadarte, pregúntate: *¿Qué está produciendo esto en mí ahora a fin de que pueda generar energía para avanzar espiritualmente?* Esta es una gran y antigua enseñanza, y es aplicable a todas nuestras vidas.

Todas las creencias de las que he hablado en este capítulo son enormes. Las nociones de que estás separado, de que eres importante, de que eres distinto, de que necesitas sentirte ofendido, de que tienes que consumir, de que tienes que compararte con otros, todas ellas son ideas que usa el falso yo. Estos mensajes también han sido absorbidos colectivamente por nuestra sociedad: el ego mundial impide a la gente conocer la luz celestial al enfocar culturas enteras en lo que nos separa a unos de otros, de modo que podamos construir armas para destruirnos mutuamente, y por lo tanto mantenernos en un estado de constante conflicto. Esto ocurre a nivel colectivo y también a nivel individual. Pero estas son cosas que todos nosotros podemos transcender.

Cuando cambies a la mentalidad de que todos somos uno —y conozcas la paz, la dicha y la alegría de la armonía que esto produce— actuarás a niveles cada vez más altos. Una vez más, la paradoja es que tendrás todo lo que necesites, y vendrá a ti en cantidades suficientes para cuidar de ti, y sin embargo no te apegarás a nada de lo que se considera valioso en el mundo de la forma. Cuando no te preocupe ser especial y estar separado, el auténtico éxito será tuyo.

CAPÍTULO 8

RÍNDETE Y SIGUE EL FLUJO

Hay una comprensión fundamental que acompaña al despertar: hay un orden en las cosas, y cada uno de nosotros formamos parte de dicho orden. En la tradición hindú a esto se lo conoce como *dharma*. Hace referencia a nuestro deber, o a cómo encajamos, en este orden perfecto, el plan Divino.

Voy a contar una gran historia para ilustrar este concepto. Un sabio estaba sentado a la orilla de un río y notó que un escorpión había caído al agua. Se inclinó para rescatarlo, y el escorpión le picó. Un poco después, volvió a ver al escorpión pataleando de nuevo en el agua. Una vez más se inclinó y lo rescató, y una vez más el escorpión le picó.

Un transeúnte que pasaba por allí observó todo aquello y exclamó:

—¡Oh, ser santo! ¿Por qué sigues haciendo eso? ¿No ves que la miserable criatura solo responde picándole?

—Por supuesto —replicó el sabio—. El *dharma* de un escorpión es picar. Pero el *dharma* de un ser humano es salvar.

Entender el orden de las cosas significa que no cancelas tu propio *dharma* —tu lugar dentro de este orden, o tu propósito como ser humano— a fin de encajar con el comportamiento o el *dharma* de otro. Siempre sabes cuál es tu cometido, que ese orden fundamental está ahí, y que quien tú eres y todo lo que te ocurre forma parte del plan Divino del universo.

EL LUGAR DE CONFIANZA Y SERENIDAD

Antes de hablar al público, me gusta tomarme un tiempo para centrarme, en lugar de pensar si a la gente le va a gustar o no lo que tengo que decir. He pasado a visualizar que están encantados con lo que hago y a saber que va a funcionar. Confío en la Divinidad que soy, y no me preocupa que este paquete [cuerpo] en el que estoy se esté desgastando. Sé que estoy en armonía con la inteligencia que me impregna, que algunos llaman Dios, otros espíritu, los terceros alma y también hay quienes la llaman conciencia. En realidad, no importa cómo la etiquetemos. Este concepto de entender que la inteligencia universal forma parte de nuestra conciencia no es solo para los místicos; no es algo que la gente tenga que contemplar yéndose a vivir a una cueva. Es para que cada uno de nosotros lo practiquemos en nuestra vida diaria, cualquiera que sea nuestra dedicación.

Sé que las cosas van a funcionar para mí y que el poder de mi ser no está en este cuerpo. Desde que empecé a situarme en este lugar de confianza, lo único que puedo decir es que mis conferencias públicas nunca han sido mejores. Estoy tan relajado y soy tan auténtico y entusiasta con respecto a lo que hago como siempre, pero suelo tener menos notas delante de mí. De hecho, no tengo ninguna. Me he rendido a la comprensión de que, mientras lo que hago ayude a mejorar la calidad de vida de otros, la inteligencia universal tomará el mando y me protegerá de salir al escenario y quedarme en blanco. Sé que no me voy a tropezar ni voy a balbucear, que no me voy a perder ni voy a dejar de saber lo que estoy haciendo, que no me voy a caer, o cualquier otra cosa que uno pueda temer cuando habla en público. Esta fe me ha recompensado porque he tenido algunas experiencias increíbles con mis audiencias.

Cuando sepas que estás alineado con el objetivo de tu vida, al servicio de los demás, entenderás la serenidad de la que hablo. Esta serenidad no está solo en ti; está en todo el universo. Es a eso a lo que te rindes. Cualquier ansiedad, preocupación o temor —de que no vas a tener "éxito", de que no vas a rendir, de que no lo vas a conseguir, o de que no vas a acumular— dejan de ser los valores operativos en tu vida. No estoy diciendo que estas cosas no vayan a estar en tu vida en absoluto, sino simplemente que ya no serán los principales motivadores para ti.

Todas las cosas que hago, desde escribir y hablar en público, hasta las apariciones en los medios de comunicación, están motivadas por un auténtico deseo interno de producir más estabilidad, paz y armonía para la gente del mundo. Sabiendo esto, la vida simplemente parece fluir, y todo parece funcionar mucho mejor para mí que antes.

Podrías decir: "Sí, claro, tú eres Wayne Dyer y tienes mucho reconocimiento y prosperidad, de modo que para ti es fácil decir estas cosas. Pero, ¿qué pasa conmigo? Yo trato de ganarme la vida vendiendo zapatos". Bien, creo que cualquiera que sea la posición en la que te encuentres, el mismo principio es aplicable. Rendirte a lo Divino dentro de ti te va a ayudar, pase lo que pase.

EL NEGOCIO DE TRATAR CON OTRAS PERSONAS

Tómate un segundo para preguntarte: *¿Qué estoy haciendo? ¿A qué me dedico? ¿Estoy enfocando mi vida a acumular muchas cosas?* Si es así, vas a tener una fuerte sensación de frustración casi todo el tiempo, porque estarás sufriendo la enfermedad del ego: tener que conseguir más.

Si piensas en lo que estás haciendo en tu vida, el fondo de la cuestión es: ¿Estás o no estás ayudando a mejorar la calidad de vida de otros seres humanos? Si vendes zapatos, mira cómo esos zapatos mejoran, del modo que sea, la calidad de vida de tus clientes: lo que piensan de sí mismos, que sus pies estén protegidos, o cualquier otra cosa. Sea lo que sea lo que estemos haciendo, de un modo u otro todos estamos en el negocio de tratar con otras personas. De modo que resulta muy útil saber esto: *El objetivo de mi vida no consiste en cuánto dinero voy a ganar, ni en qué tipo de premios voy a recibir, ni en cómo voy a ascender por la escalera del éxito dentro de mi corporación. Mi motivación es simplemente servir a los demás.*

Recibo cientos de cartas cada semana y procuro responder a todas las que puedo. Recuerdo que una dama me escribió hace unos años para decirme: "En una conferencia que diste en la Asociación Americana de Consejería y Desarrollo, en Los Ángeles, mencionaste un ensayo de Abraham Maslow titulado *The Whole Man*. Lo he buscado por todos lados. ¿Puedes indicarme dónde conseguirlo?

Recuerdo que esto era antes de que se pudiera acceder libremente a Internet, y antes del *email*. Después de leer la carta, pensé: *Claro, podría enviarle una pequeña* nota y decir: *aquí es donde puedes encontrarlo, pero prefiero mandárselo.* Sabía que aquel artículo concreto estaba en un libro de mi librería, pero no estaba muy seguro de dónde. Lo busqué por todas partes hasta que por fin lo encontré. Después pedí a mi secretaria que copiase el artículo, que tenía unas setenta páginas. Una vez más, esto fue hace años, de modo que supuso todo un trabajo. Respondí a la dama diciendo: "En lugar de decirte dónde encontrarlo, te mando una copia del artículo". Se la envié junto con uno de mis libros.

Ahora bien, yo no sabía que esta mujer trabajaba en un hospital de salud mental de Nueva York. Después de poner el paquete en el correo, dudé por un momento. Pero después me detuve y me recordé a mí mismo que estaba en el camino correcto, que no estaba haciendo aquello para vender nada, ni para que creyera que soy una persona altruista y magnífica, ni nada parecido. Me rendí a lo que soy. En lugar de pensar en lo que este gesto supondría para mí, lo hice porque sentí que era lo correcto. Lo hice simplemente porque, de algún modo, ayudaría a mejorar su calidad de vida. Creí que era una cosa amable, amorosa y decente que podía hacer, y cabía esperar que mi gesto le facilitara las cosas.

Dicho esto, también sabía que este acto tendría muchas consecuencias geniales. Ella se lo contaría a otros, y estos, a su vez, saldrían a hacer buenas obras por terceras personas. La buena voluntad continuaría circulando sin parar, hasta que la bondad retornara a mí. Creo que es así como creamos un mundo mejor. Considero que mi vida, tal como la vivo cada día, es una obra de arte inacabada. Además, la obra de arte que es mi vida consiste en servir más, en dar más, en marcar más la diferencia y en estar más en armonía.

En realidad, el estado del mundo no es sino el reflejo de nuestro estado mental. Y mi estado mental con respecto al mundo refleja mi creencia de que existe una conciencia superior que forma parte de mi ser. Esta fuerza de Dios, o fuerza del amor, es la razón por la que estoy aquí, es lo que soy. Cuanto más me descubro actuando de acuerdo con lo Divino, más cosas maravillosas me ocurren.

Por ejemplo, he soltado el apego al dinero y, en cambio, confío en la abundancia. Ahora lo inusual es que vaya a mi buzón de correos y *no* encuentre que alguien me ha enviado dinero. A menudo, viene de personas que creen en el principio del diezmo, o dinero semilla; es decir, si leen u oyen algo que les resulta beneficioso o valioso, apoyan a esa persona. Esta gente parece observar un código de generosidad y de dar apoyo a las personas y a las causas en las que creen. De modo que recibo este tipo de cheques por correo constantemente.

Como comenté antes en este libro, mi mentalidad ha cambiado de sentirme sorprendido por la abundancia o los milagros a esperarlos. También he notado que, al soltar mi apego al dinero, he soltado la necesidad de conseguir chollos. Esto es un verdadero crecimiento para mí, porque antes creía que, si no podía conseguir un chollo, no debía comprar nada.

Si bien es cierto que nunca pido que se me envíe dinero de esta manera, me aseguro de volver a poner en circulación los fondos que recibo. Cada vez que recibo un cheque, pienso: *Vaya, alguien me ha enviado dinero, pero no es para mí. Es para el trabajo que estoy haciendo, de modo que, ¿qué puedo hacer con él?* Puedo darlo a Amnistía Internacional para ayudar a liberar presos de conciencia en todo el mundo. O compro libros o programas de audio para donarlos a bibliotecas, prisiones u otros centros que necesitan el material. A veces, veo una historia en las noticias sobre alguien que de un modo u otro lo está pasando mal, y tomo ese dinero y lo canalizo hacia esas personas. Se convierte en un círculo magnífico, y se ha creado porque hay un montón de nosotros ayudándonos unos a otros.

Una vez más, me gustaría insistir en que cada uno de nosotros estamos en el "negocio de tratar con otras personas". De algún modo, de alguna manera, el fondo de la cuestión para cada uno de nosotros es mejorar la calidad de vida de algún otro ser humano. De modo que, si sabemos que estamos en este ramo, podemos aplicar el concepto globalmente. La paz mundial llega a través de la paz interna de cada individuo. Por lo tanto, si tenemos un mundo lleno de gente pacífica, entonces tendremos la paz mundial. Pero si tenemos un mundo con algunos individuos que son pacíficos y un montón de otros individuos que están llenos de ira, disensión, miedo, desconfianza, etcétera, lo que tenemos es el desorden mundial.

Lo mismo vale para cualquier organización: todo comienza cuando tú te organizas y pones las cosas en su sitio. Intentar ponerte por delante de otro nunca debería ser tu objetivo, porque el "negocio de tratar con otras personas" no va de eso. Se trata de mejorar la vida de todos. Cuando empiezas por mejorar tu propia vida, lo que tienes para dar es calidad de vida. Si haces eso y das calidad en cada interacción, serás el tipo de persona con la que los demás querrán estar.

Cuando te conviertes en este tipo de persona, eres más eficaz en tu trabajo porque la gente quiere estar contigo. Por ejemplo, si entras en cualquier concesionario de automóviles, encontrarás fácilmente a ese dependiente con quien nadie quiere tratar. Generalmente esa persona no vende muchos coches, mientras que la persona con la que sí quieres estar acostumbra a tener mucho éxito.

Si no te sientes inspirado en tu organización, el universo te está enviando un mensaje: *Pasa a otra cosa*. No te digas que estás atascado. No te dejes consumir por el postureo ni por lo premios que acompañan al puesto, por las opiniones de otras personas ni por todas las señas de identidad del ego. Si te enfocas completamente en vivir la vida que has imaginado, y solo en eso, ocurrirán cosas maravillosas.

Tienes que confiar en que sabrás cuándo ha llegado el momento de hacer un cambio. Si no lo sabes, el universo te lo dirá: de algún modo te llegará una señal y pasarás a otra cosa. Si continúas estando en un lugar que no es el tuyo, el universo empezará a causarte deterioros: podrías enfermar o tener un accidente. Cualquiera que sea la señal, te indicará que las cosas no están funcionando bien para ti, y lo sabrás. Pero tienes que prestar atención a los mensajes del universo.

Déjame recordarte que una de las señas distintivas del ego es el miedo. Debes confiar en la sabiduría de tu yo superior, que sabe que nunca puedes cometer un error: no *hay* errores, puesto que este es un lugar perfecto. Todo está funcionando perfectamente, y tú también.

QUE SIGA EL FLUJO

En una sociedad casi obsesionada con los ascensos laborales, con las posesiones y con la acumulación incesante, es importante preguntarse por qué: ¿Qué estamos planeando hacer con todas estas cosas?

Recuerda que no puedes poseer nada, nunca. Te has presentado en el planeta sin nada, y te irás del mismo modo. Tengo un traje al que le he cortado todos los bolsillos, y cada vez que abro la puerta del armario, veo este traje divertido con todos sus agujeros y cortes. Si alguien lo ve, me preguntará: "¿Qué leches es eso?" Y yo le responderé: "Esto es para recordarme que el último traje que llevarás puesto no necesita bolsillos". Es un recordatorio de que ninguno de nosotros se va a llevar nada del mundo de la forma.

Como has aprendido, las relaciones en las que participas solo pueden ser experimentadas o procesadas a través del pensamiento. Tú no puedes ser tu esposa o tus hijos, y ellos no pueden ser tú. Solo podéis procesar la experiencia unos de otros a través del pensamiento. Tú nunca puedes poseerlos, hacerte con ellos; ellos nunca podrán poseerte. Puedes tener la ilusión de que los posees, o de que ellos te poseen a ti, pero no es así en absoluto.

Lo mismo ocurre con tus cosas: tú no eres su dueño; ellas son tus dueñas. Mientras "necesites" posesiones y te sientas incompleto si no las tienes —si no tienes un coche elegante, si no tienes la casa adecuada en la mejor parte de la ciudad, si no tienes joyas en los dedos, etcétera— eso es señal de que sientes que falta algo en tu vida. En esta posición de *estoy incompleto*, estás seguro de que conseguirás completarte a través de las cosas materiales. Adquieres unos diamantes y te dices a ti mismo: *Esto debería hacerme feliz*, pero no es así, porque las posesiones solo son una ilusión. Sin embargo, piensas: *Tal vez, si consigo un diamante más grande, o un coche mejor, o...* Estás constantemente a merced de esta enfermedad del ego que es tener "más". El necesitar poseer todas esas cosas que acumulas, coleccionas y a las que te apegas, hace que seas una víctima de ellas. La paradoja es que, cuanto menos necesites, más obtendrás.

La persona totalmente despierta opera con una conciencia espiritual acrecentada, entendiendo que más es menos y menos es más. Todos estamos aquí temporalmente. Formamos parte de este sueño por muy poco tiempo. Acumulamos cierta cantidad de cosas mientras estamos aquí, pero no las necesitamos cuando abandonamos el mundo de la forma. De modo que aferrarse con fiereza al mundo de la forma no tiene sentido. Lo que sí tiene sentido es aflojar el agarre, soltar lo que sabemos que no necesitamos para poder dejar sitio a lo que *sí* necesitamos.

En el universo todo fluye, pero las cosas más fuertes son las que fluyen mejor. Si tomas agua y una roca y las juntas, ¿cuál de ellas triunfará sobre la otra? El agua siempre desgastará la roca. Sin embargo, si tratas de meter la mano en el agua y de agarrar un puñado de esta cosa tan poderosa que puede desgastar la roca en muy poco tiempo, descubrirás que cuanto más cierres el puño, menos habrá en tu mano. Tienes que meter la mano en el agua y relajarla, y solo entonces podrás experimentarla. Nunca puedes agarrarla.

"Seguir el flujo" puede ser un tópico, pero tiene mucho sentido. Significa que no estás luchando contra nada; estás permitiendo que ocurra. *Permitir* es otra palabra para *rendirse*. Debes permitirte confiar en lo Divino. Ríndete y desapégate de cómo salgan las cosas, aunque esto pueda ser muy difícil.

Una buena analogía de estar desapegados de las cosas que pensamos que son tan importantes para nosotros es pensar en una sinfonía. Estamos escuchando la música, pero nunca podemos escuchar toda la sinfonía de una vez. Solo podemos escucharla momento a momento: oímos una nota, después otra nota, y después otra. Este proceso individual y paso a paso de fluir, de oír solo una nota, de fluir con lo que pasa, es lo que constituye la experiencia denominada "sinfonía" y es como se aprecia la música. No nos sentamos y decimos: "No, esta nota no cuenta. Las notas sueltas no cuentan. Quiero oírlo todo de una vez". Tomamos cada momento como viene y lo experimentamos, y experimentamos el siguiente, y así sucesivamente.

Es tonto pensar que seremos capaces de apreciar la música sin ser capaces de oír cada nota individual tal como se presenta. Y la vida también es así. Es absurdo apegarse a la noción de que tenemos que consumirlo todo o de que tenemos que poseer muchas cosas.

Te voy a proponer un gran ejercicio de desapego: repasa los armarios de tu casa, reúne todos los juguetes que tus hijos han dejado de usar y regálalos. Haz que los niños participen también. A continuación, reúne toda la ropa que no has llevado puesta durante los últimos dieciocho meses. Si no la has llevado durante un año y medio, ya no es tuya. De todos modos, ya hemos dejado claro que no puedes ser dueño de nada: vienes desnudo y te irás del mismo modo. De modo que envía esa ropa a alguien. A continuación, ve al garaje y reúne todas las cosas a las que te aferras, pero que no usas. Regálalas también. Hay alguien ahí fuera que puede usarlas. Ponlas en circulación. Haz que siga el flujo. Mantenlas en movimiento.

Has de saber que todo aquello que sientes que tienes que tener se adueña de ti, lo que significa que no eres dueño de ti mismo. En este sentido, muchas personas no pueden irse del lugar donde están viviendo ahora porque no saben qué hacer con todas las cosas acumuladas. Dicen: "Tengo demasiadas cosas aquí. ¡No puedo irme!" Esto les hace perder oportunidades porque no pueden oír los mensajes que les envía el universo.

Cuando no estás apegado a las cosas, ellas ya no pueden adueñarse de ti. Entonces descubres que estás menos apegado a las ideas que ya no funcionan en tu vida. En el proceso, te abrirás a muchas experiencias positivas. Ahora que estás experimentando realmente la vida despierta, lo que una vez te parecieron solo casualidades o coincidencias se presenta en tu vida de muchas maneras. Una vez más, cuanto menos apegado estés, más cosas te enviará el universo. Si das más de aquello que estás recibiendo, todo se mantiene en movimiento, fluyendo, y tu vida mejora más allá de toda medida.

ESFORZARTE FRENTE A SENTIR QUE HAS LLEGADO

La sociedad occidental no suele enseñar a aceptar y a sentirse feliz con el lugar que uno ocupa en la vida. De hecho, puede parecer que, desde el primer día, estás programado para ir detrás de alguna otra cosa. Es como si estuvieras entrenado para pensar: *Cuando salga de la cuna, podré jugar por toda la habitación.* Oh, sácame de aquí. Entonces sales de la cuna a la habitación, y piensas: *Me gustaría ir a la habitación de al lado, pero hay una de esas barreras en el recibidor. Tengo que ir más allá de esa puerta que tienen ahí. Entonces tal vez pueda acceder a los armarios y divertirme con los potes y pucheros. Ahí es cuando lo habré conseguido.* Y después viene otra idea: *Tal vez pueda salir al jardín,* de modo que el jardín se convierte en el objetivo. Más adelante sales del jardín y el objetivo es poder moverte por todo el bloque de casas. Después hay una calle que cruzar. Siempre hay algo que es lo "siguiente".

Por fin vas a la escuela, y solo piensas en salir de allí. Lo que recuerdo de la escuela elemental son las filas. Odiaba las filas y pedir permiso. Durante cinco años habías meado cuando querías, pero ahora, de repente, tenías que pedir permiso. Sentía: déjame salir de aquí. Ya no quiero tener que pedir permiso para hacer pis. Después vas a clase de geografía, y tienes que estar en fila. ¿Por qué hacen esto? Las filas no se mueven; simplemente estás allí, de pie, esperando. Supongo que, si se moviera, ya no sería una fila, sería un desfile, ¿cierto?

En cualquier caso, solo puedes pensar en pasar a primaria: sabes que cuando llegues allí, las filas se habrán acabado. Pero después descubres que este tampoco es el lugar ideal. Te das cuenta: *No nos tratan como adultos en absoluto. Tenemos que estudiar las asignaturas que ellos nos imparten, y siempre nos están diciendo que dejemos de tocarnos unos a otros.* O *siéntate erguido.* O *callar, no habléis.*

Entonces tu objetivo vuelve a cambiar: *cuando llegue a secundaria, eso será perfecto. Mi vida estará completa.* Entras en secundaria, pero entonces te das cuenta de que eres de los pequeños, un novato de primero. Incluso la palabra suena molesta, de modo que la pasas por alto. Piensas: *De acuerdo, voy a aguantar esto porque el año que viene subiré de categoría.* Te dices a ti mismo: *quiero llegar al décimo grado porque entonces podré aprender a conducir.* Ahora lo único que cuenta en el mundo es obtener el permiso de conducir. Cuando tienes catorce o quince años, la vida solo consiste en eso: esforzarte por conseguir el permiso de conducir. Eso es lo único que hay... hasta que empiezas a pensar en tener citas y salir con chicas. *Vaya. Cuando pueda tener citas y salir con chicas, ahí sí que mi vida estará completa.*

Y más adelante piensas: *cuando acabe la secundaria será genial, porque ya nadie me dirá lo que tengo que hacer.* Finalmente trabajas duro, sales de secundaria, pero no hay un desfile con banda de música para celebrarlo. Hay una ceremonia y, tal vez, una pequeña fiesta, pero después tienes que afrontar la vida. Te dices a ti mismo: *Bueno, puede que mi vida comience cuando vaya a la universidad. Sin duda eso será lo definitivo.* Entonces vas a la universidad y piensas: *No, esto no es lo que esperaba en absoluto. Es más de lo mismo, solo estudiar. Claro, puedo elegir las asignaturas que quiero, pero sigue siendo lo mismo.*

Sales de la universidad. *Me dicen que cuando te casas, ahí es cuando tu vida empieza de verdad. Entonces es genial... de modo que me casaré.* Y a continuación descubres que la compañera o compañero que has elegido hace ruidos y ronquidos que no hacía antes. Esto es demasiado. Piensas: *De acuerdo. Es posible que el matrimonio no sea la panacea, pero me dicen que cuando tenga un hijo, eso hace que te sientas un ser completo, en paz con todo el universo. Supongo que todavía no soy una persona, soy un aprendiz de persona. Pero cuando tenga ese hijo, entonces estaré completo.*

Más adelante, tal vez pienses: *Me dicen que la vida comienza cuando por fin consigues el divorcio. Dicen que el divorcio es la cosa que completa tu vida. Mi esposa/o me hunde continuamente en la miseria, de modo que en cuanto saque el matrimonio de mi vida, eso será definitivo.* O tal vez te enfoques en la geografía: *¿Cómo he* *llegado aquí? Mis tatarabuelos aterrizaron en esta ciudad y yo sigo estando aquí. ¿Qué leches estoy haciendo aquí? Ya está. Me iré a Hawái y entonces me sentiré completo.* Es interminable: *Tal vez cuando consiga un nuevo trabajo, eso será lo definitivo. O, me dicen que cuando consigues una promoción, ahí comienza realmente tu vida. O, lo que he oído es que cuando te retiras, ahí es cuando tu vida se dinamiza.* Después te retiras, y oyes hablar a la gente de los buenos días del pasado. Pero esa gente nunca tuvo "un buen día" en toda su vida, porque siempre estaban posponiéndolo y tenían aversión al ahora.

No hay muchas personas que hayan entendido lo que dijo Carly Simon: que *estos* son los buenos días del pasado. Esto se debe a que todo lo que haces, lo haces en el momento presente. Una persona que siempre se está marcando objetivos, pensando en el futuro y preocupada por cómo van a salir las cosas, está condenada a la frustración eterna, más que a apreciar las cosas. Siempre están esforzándose y no llegan nunca.

DEJA DE QUERER SER EL MEJOR Y SIMPLEMENTE SÉ

Prácticamente todas las personas que hemos conocido nos han dicho que, para tener éxito, debemos fijarnos objetivos. Este es uno de esos aforismos que guían nuestra vida, la idea de que: "Si no sabemos adónde vamos, ¿cómo sabremos que hemos llegado allí?"

De hecho, hay otras formas de aprender que no consisten en marcarse objetivos. Hay una palabra japonesa, *satori*, que expresa la idea de que cuando el estudiante está preparado, el maestro aparece. De modo que, en momentos de comprensión, puedes cambiar cosas que has estado acumulando durante toda una vida. Simplemente tienes que estar preparado.

Puedo oír tus dudas, porque la importancia de los objetivos ha estado martilleando tu mente durante toda la vida. No estoy aquí para discutir ni para decir que quienes creen firmemente en estas cosas están equivocados. Lo único que estoy sugiriendo es que cuando estás preparado y dispuesto, puedes tener un *satori*, un momento de cambio. Por otra parte, Dios opera de maneras misteriosas. Si estás preparado, dices: "Voy a entregar este problema o este esfuerzo, y sé que el universo sabe lo que hace. Voy a rendirme y permitir que la Divinidad organizadora, de la que forman parte todas las cosas, trabaje a través de mí. Sé que seré guiado y que no estoy solo". En cuanto tienes esta conciencia, los objetivos no parecen tan significativos ni tan importantes.

Si sientes que tienes que tenerlo todo planeado en la vida, y establecidos todos los objetivos a lo largo del camino, perderás incontables oportunidades. Hay un viejo proverbio que dice: "Si realmente quieres hacer reír a Dios, cuéntaLe tus planes". Cuando sueltas y dejas hacer a Dios, cuando dejas de insistir en que tienes que tenerlo todo planeado, experimentas la conciencia espiritual acrecentada. Una vez más, cambia el enfoque de tener que esforzarte a sentir que ya has llegado.

Otra creencia a la que la mayoría de nosotros nos aferramos durante la mayor parte de nuestras vidas —porque, como recordarás, nos ha sido transmitida por personas bien intencionadas— es que siempre tenemos que dar el máximo de nosotros. Escucho esto casi cada día de todo tipo de personas, desde oradores motivacionales hasta atletas: "Tengo que rendir a tope, tengo que dar el máximo". Me gustaría cuestionar esto. No tienes que estar siempre actuando y haciendo las cosas al máximo nivel. De hecho, la idea de que las cosas siempre tienen que hacerse perfectamente es lo que a menudo hará que no consigas nada en absoluto.

Después de recibir el doctorado fui consejero de doctorandos, y recuerdo que muchos alumnos completaban el trabajo del curso, pero no podían redactar la disertación final porque "no conseguían hacerla del todo bien". Yo les decía:

—Mira, no tienes que ser el mejor en esto. Pero tienes que hacerlo si quieres obtener el doctorado.

Como esos estudiantes, si te preocupa el perfeccionismo, al final se convertirá en parálisis, porque no podrás conseguir nada. Quítate de encima esa idea de ser el mejor y simplemente actúa.

Sugiero que reemplaces la idea de que siempre tienes que dar lo mejor de ti en todo por esta otra: *habrá unas pocas cosas que yo haré muy bien, dando lo mejor de mí. Pero en cuanto al resto de las cosas que haga en mi vida, no voy a preocuparme de hacerlas óptimamente, y más bien voy a disfrutar de ellas.* Acuérdate también de retirar esa presión de tus hijos, porque es mucho más importante para ellos que hagan y disfruten, y que estén en paz y en armonía, que vivir con todo el estrés enfermizo que se produce cuando se te dice constantemente que siempre tienes que dar lo mejor.

En realidad "lo mejor de ti" es una noción que el ego continúa promoviendo para que te mantengas alejado del yo superior en ti, que te dice: "No tienes que derrotar a nadie. No tienes que conseguir nada. No tienes que rendir. Simplemente tienes que *ser*, tienes que estar en paz, estar alegre, sentirte dichoso". Cuando funcionas desde este lugar, no estás apegado al resultado de lo que haces. Estarás en proceso. Estarás disfrutando del viaje en lugar de buscar los destinos que otros te han impuesto.

Uno de los problemas fundamentales es que la gente quiere que el mundo sea diferente de lo que es. En contra de lo que has oído, el mundo es un lugar perfecto. No hay ansiedad en él. No hay depresión en él. No hay estrés en él. Solo hay pensamientos ansiosos. Solo hay pensamientos estresantes. Solo hay pensamientos iracundos. No hay ira en el mundo.

Tú también formas parte de este mundo perfecto; tu perfección es tu propia creación. Tú nunca podrías ser un error. De modo que cuando te rindas a tu yo superior y reemplaces los mensajes del ego por la serenidad y la paz de las que he estado hablando, ya ni siquiera sabrás sentirte como una víctima. Estarás en el flujo del universo. No necesitarás llegar allí; estarás viviéndolo.

CAPÍTULO 9

PON LAS RIENDAS AL PODER DE LA VISUALIZACIÓN

Cuando estás lleno de paz interna o serenidad, y estás del lado del orden, el desorden es imposible para ti. Ya no te ves a ti mismo como una víctima desafortunada. Ves la inteligencia que está detrás de todas las cosas, y esto te motiva a buscar soluciones donde otros solo ven problemas imposibles.

Esto es un ejemplo de lo que quiero decir: hace algún tiempo cogí un vuelo de Lauderdale a Chicago. Me monté en el avión a la una de la tarde, despegamos y volamos durante treinta minutos, y después se nos informó de que teníamos que aterrizar en Miami. Aparentemente no podían replegar el equipo de aterrizaje, que se había quedado fijo en la posición desplegada. El personal de la aerolínea estaba tratando de convencernos de que no era una situación de emergencia, y que esas ambulancias que estábamos viendo allí abajo, en Miami, estaban presentes por si alguien se desmayaba observándonos aterrizar... y la espuma que había en la pista de aterrizaje estaba allí porque estaban probando si sus equipos de arrojar espuma funcionaban correctamente.

Había, de hecho, cierta sensación de emergencia. Y hubo muchas reacciones interesantes en las personas que me rodeaban en el avión. Hubo muchas miradas preocupadas y muchas personas muy atemorizadas: un par de personas se levantaron y se pusieron a gritar. Pero yo no sentí nada de eso. Vi que estaba bien. No era que yo estuviese esforzándome por no tener miedo; era que, dentro de mí, algo había reemplazado el temor. La serenidad interna me aseguraba que todo estaba bien, y que yo también lo estaba.

Elegí ser eficaz y usar la mente en una situación en la que otras personas eligieron entrar en pánico. Calmé al hombre que tenía a mi lado. Miré a mi alrededor para ver dónde estaban las salidas de emergencia. Elegí ser consciente, ser inteligente, y pensar en la supervivencia. No tenía ningún miedo, pero sabía que lo habría tenido en una etapa anterior de mi vida. Ahora ese miedo potencial había sido reemplazado por paz y plenitud, además del conocimiento de que, cuando sea mi turno, será mi turno, y eso está bien. Yo sé que no soy mi forma, de modo que no me da miedo abandonarla cuando llegue el momento.

Todo acabó bien en mi vuelo, solo que ahora las 192 personas que estábamos en aquel avión teníamos que pensar qué hacer a continuación. Una vez que aterrizamos de manera segura, lo primero que hicieron fue anunciar lo siguiente: nadie iba a conseguir un asiento para salir de Florida porque todas las aerolíneas estaban llenas. Probablemente tendríamos que quedarnos en el aeropuerto hasta que pensaran qué hacer. Y no, no nos iban a llevar a un hotel.

Una vez más, observé a las personas que tenía a mi alrededor. Hace un minuto estaban preocupadas por si iban a vivir o no. Ahora estaban aliviadas de seguir vivas, pero también enfadadas por esta información adicional. ¡Era como si la aerolínea nos estuviera echando encima todas las circunstancias negativas en las que podía pensar! Yo creo en buscar soluciones, nunca problemas. De modo que cuando el avión aterrizó y nos dieron ese mensaje negativo, sabía que no me estaban hablando a mí. Yo me vi a mí mismo en Chicago. Tenía que dar una charla a la mañana siguiente y había muchas personas que dependían de que yo llegara a tiempo. Sabía que estaría allí, a diferencia de las otras 191 personas, que pensaban que no llegarían a Chicago y estaban actuando en consecuencia. Estaban enfadadas, estaban molestas, estaban gritando al personal de la aerolínea, estaban dejando que su presión sanguínea se descontrolara, pero en realidad no estaban *haciendo* nada.

En cuanto bajamos del avión, llamé a mi secretaria en Fort Lauderdale y le dije: "Por favor, asegúrate de que tenga un asiento en algún avión. No importa lo que cueste ni los inconvenientes que pueda haber, consígueme un sitio". Cuando le volví a llamar en quince minutos, me dijo que había sido capaz de conseguirme un asiento en otra aerolínea. Resultó que alguien había cancelado justo antes de que ella llamara, y pude conseguir el sitio. De las 192 personas, creo que fui el único que llegó a Chicago aquel día. Esto no ocurrió porque yo sea más listo o mejor que cualquier otra persona. Más bien, yo busqué soluciones en lugar de problemas porque me negué a sentirme víctima de la necesidad del ego de estar enfadado o de tener razón.

Este ejemplo muestra que, cuando eres capaz de visualizarte a ti mismo haciendo algo, actuar a partir de esa visualización o de esa imagen se vuelve algo automático para ti. Entonces eres capaz de hacer que ocurran las cosas más increíbles.

CONVERTIR TU VISIÓN EN REALIDAD

Cuando tienes en tu mente una imagen de algo que quieres, y actúas a partir de esa imagen, ella se convierte en lo que eres. Una imagen no es más que un pensamiento, y ya sabes que, tal como pienses, así serás. La imagen es algo a partir de lo cual empezarás a actuar, tratándote a ti mismo como si ya fueras lo que estás viendo en tu mente.

Piénsalo de esta manera: si sales a la pista de tenis y das mil golpes de derecha y haces mil servicios al día a lo largo del próximo año, llegarás al punto en que sabrás muy bien cómo servir una pelota de tenis y cómo dar un derechazo. Es posible que no seas Serena Williams o Roger Federer, pero serás muy competente a la hora de dar derechazos y de servir si practicas mil veces al día durante 365 días seguidos: eso es un tercio de millón de golpes. Toda esa práctica física te traería su recompensa en el reino de la forma. Bien, las imágenes o las visualizaciones son el equivalente de esto, pero a nivel mental. Si practicaras un pensamiento mil veces al día durante un año, esa imagen se convertirá en ti y tú te convertirás en esa imagen. La visualización funciona porque, una vez que tienes la imagen, esta se almacena dentro de ti exactamente lo mismo que una práctica o una conducta.

Digamos que quieres perder quince kilos, disminuir tu ritmo cardíaco en reposo o dejar de fumar. Lo único que has de hacer es tener esta imagen de ti mismo y practicar con ella mil veces al día: *Yo no soy el veneno. Yo soy salud. Me estoy curando. Yo no soy la enfermedad. Esta es la imagen que tengo de mí mismo teniendo el aspecto que quiero tener.* Dibujas esa imagen en tu mente, y quizá incluso la dibujes en papel. Ves esta imagen por doquier, incontables veces al día, de modo que empiezas a interiorizar el mensaje: *Este es el aspecto que tengo. Así es como me veo a mí mismo. No voy a intentar hacer nada de manera diferente. Solo me veo a mí mismo con este aspecto. Me veo a mí mismo como la imagen de la salud.*

No piensas en dejar de fumar ni en perder peso, porque esos términos son negativos. Entiende que cuando luchas contra algo, estás violando el principio que mantiene unido al universo. Después de luchar siempre eres más débil, siempre. Luchar contra algo es la manera más segura de prepararte para el fracaso. Por eso no funciona la guerra contra las drogas, por ejemplo. Una guerra, por su propia naturaleza, significa que tiene que haber ganadores y perdedores.

Puedes reformular el pensamiento para no tener que volver a pensar nunca en términos negativos; más bien, expresa las cosas en términos de lo que estás *a favor,* y no de lo que estás *en contra.* En lugar de estar en contra de las drogas y de todas las cosas terribles que hacen, ¿qué pasaría si pudiéramos criar a los jóvenes para que estuvieran a favor de algo? Después de todo, como sociedad, estamos a favor de una juventud iluminada que sea capaz de elevarse tanto como quiera en su mente y en su conciencia. Este mensaje parece mucho más eficaz que librar una guerra contra las drogas.

Cuanto más luchas, más te cuesta entender que eres un *ser* humano y no un *hacer* humano. Lo que eres es el *ser*. Digamos que quieres dejar de comer tanto chocolate. Te ves a ti mismo como alguien que se resiste fácilmente a los dulces, y no te ves diciéndote lo difícil que

PON LAS RIENDAS AL PODER DE LA VISUALIZACIÓN

va a ser, ni pensando en lo difícil que te va a resultar resistirte a tus deseos. Siendo realista, si te paras a pensar en ello, ¿qué es más fácil de hacer: comer chocolate o no comer chocolate? Piensa en lo que tienes que hacer para comer chocolate: tienes que ir a la tienda, tienes que pagarlo, tienes que traerlo a casa, quitarle el envoltorio, llevártelo a la boca y masticarlo. Por otra parte, si no comes chocolate, lo único que tienes que hacer es no comer chocolate. Eso es todo lo que tienes que hacer. De modo que ciertamente no comer chocolate es mucho más fácil que comerlo, ¿cierto?

Si quieres mejorar al tenis, no te digas a ti mismo que es un proceso difícil. Más bien, obsérvate a ti mismo tal como quieres ser, y practica lo suficiente como para que cuando salgas a la pista y quieras dar un derechazo, ya no tengas que pensar en ello. Yo nunca pienso en lo que voy a hacer con la raqueta. Si me pusiera a pensar: *¿Cómo la agarro? ¿Cómo devuelvo la pelota? ¿Voy a intervenir en la jugada?*; perdería rápidamente los tres *sets*. He practicado lo suficiente como para no tener que pensar nada cuando juego al tenis: se ha vuelto instantáneo, automático. Ahora salgo a la cancha, alguien sirve una pelota y yo doy un derechazo. Alguien me envía un revés y yo intervengo y devuelvo el golpe. Nunca tengo que pensar en ello. Aprendí a hacerlo a través de las imágenes, viéndome a mí mismo.

¿Sabías que todos los grandes jugadores de golf hacen lo mismo? Jack Nicklaus ha hablado con frecuencia sobre esto. Ves que la pelota sigue la dirección que tú quieres darle. Ves tu balanceo tal como quieres que sea, y practicas con las imágenes una y otra vez. Antes de que pase mucho tiempo, se vuelve automático. Lo ves y, a continuación, simplemente lo haces.

·◇·

Si yo te preguntara: "¿Eres una persona que actúa con determinación?" Probablemente pensarías en algún obstáculo que has afrontado y dirías: "Sí, di lo mejor de mí. Trabajé muy duro. Sin duda lo intenté, pero no salió bien. No era mi destino. Parece que no tenía que conseguirlo. Supongo que Dios no quiere eso para mí". La mayoría de nosotros pensamos que somos persistentes incluso si solo intentamos algo una sola vez. Decimos: "Sí, lo he dado todo". ¿Durante cuántos días? "Oh, solo lo he hecho esta mañana, pero lo he intentado de verdad". Una única prueba no es un buen test de determinación, ni tampoco puede demostrar si la visualización funciona. Tenemos que intentarlo o practicar repetidamente, y estar dispuestos a hacer *lo que sea necesario* para manifestar nuestra imagen en la forma.

De hecho, estar dispuesto a hacer lo que sea necesario es lo más importante que puedes aportar al proceso de visualización. Si es necesario un traslado, te trasladas. Si hace falta dejar una relación, la dejas. Si hace falta trabajar 18 horas al día durante diez años, también lo haces, sabiendo que las grandes cosas no tienen sentido del tiempo. Tienes que estar dispuesto a actuar a partir de lo que imaginas para ti mismo, entendiendo que lo que cuenta no es ser persistente, sino más bien hacer lo que haya que hacer minuto a minuto, día tras día. Si estás dispuesto a hacer esto, convertirás lo que estás visualizando en una realidad. He visto desplegarse esto en mi propia vida una y otra vez.

He descubierto que la mayoría de las personas que no tienen lo que quieren, o que sus vidas no están al nivel que les gustaría, no están dispuestas a hacer lo que sea necesario. Solo están dispuestas a llegar hasta cierto punto, y después levantan las manos y dicen: "No, no puedo hacer eso. ¿Estás diciendo que quieres que me vaya de aquí? He estado aquí toda mi vida. ¿Quieres que vuelva a la universidad y que cambie de profesión? ¿Quieres que corra catorce kilómetros? ¿Quieres que renuncie al chocolate? ¿Quieres que continúe haciendo esto *cada día*?" Una vez más, es cuestión de lo dispuesto que estés. Si estás dispuesto a hacer lo que sea necesario para convertir tu visión en realidad, entonces serás capaz de manifestar esa visión de una miríada de formas.

CUALQUIER COSA QUE QUIERAS YA ESTÁ AQUÍ

Hay una antigua historia de una persona que fue a su gurú e hizo una lista de todas las cosas que quería en la vida, como riqueza y felicidad. El gurú le dijo:

—Las he conseguido para ti.

Dio al hombre una copa vacía y añadió:

—Ya tienes todo lo que necesitas para ser todas esas cosas. Ya eres eso.

Cuando entiendes lo que el gurú le estaba diciendo, entonces puedes apreciarlo. Piensa en lo que quieres para ti mismo y date cuenta de que lo que estás visualizando ya está aquí. Si ya sabes que lo que tienes ahora es lo que tú mismo has creado, lo único que tienes que entender es que cualquier cosa que quieras crear a partir de este punto depende enteramente de ti. Todo ello se consigue a partir de algo llamado "pensamiento".

Este es un punto crucial: *Todas las cosas que pudieras querer ya están aquí.* Toda la riqueza y la abundancia que pudieras desear ya están aquí. Simplemente tienes que sintonizar con ellas. Si estás dispuesto y sabes que esas cosas ya están aquí, ellas no dejarán de dar contigo. Así es como funciona el universo.

Digamos que quieres vender cinco millones de libros. Bueno, ¿qué se necesita para eso? Haría falta que cinco millones de personas compraran un libro, o que un millón de personas compraran cinco libros, o lo que fuera, pero las personas que van a comprar tus libros ya están aquí. En otras palabras, la energía que va a generar la riqueza que deseas ya está aquí. Simplemente, todavía no has sintonizado con ella.

Si quieres riqueza en tu vida, esa riqueza no tiene que materializarse desde otra dimensión. *La riqueza está aquí.* Una vez más, todo aquello que pudieras querer o necesitar ya está aquí: debes saberlo y vivirlo. Si crees que necesitas tener algo más para ser completamente feliz, entonces lo único que haces es estar en otro lugar para no apreciar lo que no tienes. Como el hombre que fue a visitar a su gurú, debes saber que tú ya lo eres todo.

Por supuesto, no es que simplemente te puedas visualizar a ti mismo siendo rico y entonces, *¡paf!*: ya eres rico. Hay dos cosas que acompañan a este empeño. En primer lugar, te visualizas teniendo riqueza, disfrutando de la abundancia en lugar de la escasez. Entonces ves la abundancia en tu vida y conectas con ella. No te limitas a decirte a ti mismo: *De acuerdo, ahora ya tengo esa imagen; ahora voy a sentarme a esperar a que la abundancia entre en mi vida.* Siempre tenemos que *actuar a partir de* cualquier imagen que tengamos.

De modo que ahora estás empezando a actuar a partir de una nueva imagen, una imagen de abundancia. Afirmas: *Tengo derecho a que las cosas mejoren en mi vida. No hay errores en la perfección de este universo. Yo soy parte de la perfección de todo este universo. No estoy separado de la humanidad; soy parte de todo esto. Sea lo que sea Dios, Eso también está en mí. Soy lo suficientemente Divino como para pedir, y soy lo suficientemente importante como para recibir.* Estos pensamientos potencian tu imagen de abundancia.

Cuando empieces a actuar a partir de esa imagen positiva, abundante y próspera, no pasará mucho tiempo antes de que tus acciones tomen el mando. Pero, una vez más, lo que estás visualizando ya está aquí. No va a llegar de Marte ni de algún otro lugar. Si no estuviera aquí, no serías capaz de visualizarlo. ¿Cómo ibas a poder visualizar cómo sería hacer algo que te es imposible hacer? ¿Cómo podrías visualizarte siendo una entidad que vive en Neptuno cuando apenas sabes nada de Neptuno y nunca has estado allí? No te visualizarías a ti mismo como una criatura hecha de gases o vapores. Sin embargo, es importante que te acuerdes de no ponerte límites en cuanto a lo que eres capaz de realizar aquí, en el planeta Tierra.

Leí un estudio muy interesante que se hizo con personas desempleadas a las que se pidió que se visualizaran consiguiendo un trabajo. Una de las personas había tenido un trabajo en el que le pagaban 25.000 euros al año. Otro ganaba 50.000 euros al año en su trabajo anterior, y la tercera era un ejecutivo al que le habían pagado 250.000 euros al año en el empleo anterior. A los tres se les pidió que emplearan esta técnica de visualización: *Contémplate a ti mismo con un trabajo, contémplate trabajando otra vez, y actúa a partir de esa visualización.* Cada uno de ellos lo hizo, y al verse trabajando de nuevo, ese pensamiento comenzó a manifestarse y ellos empezaron a actuar a partir de él.

Tres meses después, todos los participantes en el experimento volvieron a tener trabajo. El primero, que había tenido un trabajo en el que ganaba 25.000 euros, ahora tenía otro trabajo en el que ganaba lo mismo. La persona que había recibido 50.000 al año tenía otro trabajo en el que le pagaban lo mismo. Y el ejecutivo también tenía otro trabajo en el que le pagaban 250.000 euros. No era que a estos individuos les faltaran formación o habilidades que les impidieran tener trabajos mejor pagados. Consiguieron los trabajos que se veían teniendo: eso era lo que se habían imaginado para sí mismos.

Un trabajo no va a llegar de otro planeta; el trabajo ya está aquí. Solo tienes que sintonizar con él ahora, conectar con él. De modo que, si te imaginas trabajando como empleado y te dices a ti mismo: *esto es todo lo que soy capaz de hacer y no puedo ir más allá*, entonces buscas y actúas a partir de ese tipo de imágenes. Sin el pensamiento, no puedes conseguir el trabajo. El trabajo es un pensamiento. Cada día te despiertas y piensas, y después entras en tu forma y vas a hacer tu trabajo.

El tipo de los 50.000 euros al año era un vendedor que se vio a sí mismo ganando el mismo salario, de modo que eso fue lo que buscó. Su visión no era de abundancia, sino de escasez. Es como si se dijera a sí mismo: *Hay un límite a cuánto dinero puedo ganar debido a mi historial, debido a mi formación, debido a cualquier cosa de la que me haya convencido a mí mismo*. El ejecutivo buscó otro puesto de ejecutivo que tuviera también el mismo sueldo. En esencia, en el estudio todo el mundo permaneció en el mismo nivel que antes.

Este tipo de ejemplos impiden que alguien diga: "Sí, todo este discurso elegante de conciencia superior, de espiritualidad y de transformación es muy interesante y agradable. Si tengo tiempo y todo eso, ya entraré en él".

Estas personas se están perdiendo el mensaje del que habló James Allen: las circunstancias no hacen al hombre, lo revelan.

¿DÓNDE ESTÁS PONIENDO EL FOCO?

Muchos de nosotros nos descubrimos mirando a nuestra vida hacia atrás, que es lo que el ego nos anima a hacer. No quiere que miremos hacia dentro y contactemos con el yo superior, que nos anima a estar presentes. Tenemos que dejar de mirar por el espejo retrovisor y girarnos hacia el ahora, para ver que nuestra vida puede funcionar de una manera nueva y auténticamente libre.

Puedes empezar planteándote esta pregunta: *¿Qué quiero expandir en mi vida?* Por ejemplo, si quieres que se expandan las cosas positivas, en la medida de lo posible continúa teniendo pensamientos positivos. Actuarás a partir de esa visión, y la positividad se expandirá para ti.

Una vez vi una historia maravillosa en televisión sobre Mary Thomas, la madre de Isiah Thomas, la gran estrella del baloncesto de los Detroit Pistons. En un momento dado, ella dijo: "Yo no soy pobre. He estado en bancarrota, sin dinero, pero no soy pobre. Nunca he sido pobre, y nunca seré pobre". Si te enfocas en lo que quieres expandir en tu vida, en lugar de en lo que no quieres tener, aquello en lo que te enfoques es lo que se va a expandir.

Hace algunos años, mientras hacía un programa de radio, llamó un hombre que ahora es médico. Él fue uno de catorce niños que crecieron en una parte muy pobre de Jamaica, pero su abuela siempre le decía: "Tu mente es más poderosa que cualquier otra cosa". Este hombre llamó al programa para validar algunas de las cosas que yo estaba diciendo, porque algunos radioyentes estaban oponiendo resistencia y diciendo: "¿Cómo puedes decir este tipo de cosas a personas en tales circunstancias de pobreza? ¿No sientes ninguna piedad por ellas?", y cosas así.

Yo repliqué: "El enfoque de lo que estoy diciendo es que estas son las personas que más necesitan oír lo que tengo que decir. Si te enfocas en lo que quieres y nunca dejas que tu mente se desvíe de eso, entonces actuarás a partir de eso y acabarás saliendo de esas circunstancias".

Este señor que llamó compartió que él siempre había querido ser médico, y todo el mundo se reía de la idea de que este niño pobre, en su pequeño pueblo de Jamaica, pudiera llegar a estudiar medicina.

—Pero mi abuela siempre me decía: "Nunca saques esa idea de tu mente. Nunca jamás sueltes la idea. Simplemente mantén ese pensamiento ahí, pase lo que pase".

Y añadió:

—Nunca solté la idea, siempre la tuve presente. Cuanto más la pensaba, más empezaba a actuar a partir de ella. A medida que actuaba a partir de ella, empecé a tener dos trabajos en lugar de uno, y después tres trabajos, y después compré libros de medicina y estudié duro. Ahorré todo el dinero que ganaba y solicité becas.

Este hombre demostró que el antecesor de cada acción es un pensamiento. Todas sus acciones vinieron de un pensamiento, que era: *Voy a ser médico*. En el momento de hacer aquel programa, el hombre tenía una gran consulta en Washington D.C., donde era un cirujano cardíaco de renombre. Se había convertido en una persona de medios, pero también era increíblemente feliz en la profesión de sus sueños. Y todo esto ocurrió porque nunca se deshizo del pensamiento.

De modo que, al plantearte lo que quieres expandir en tu propia vida, mantente enfocado en ese pensamiento, junto con una intensa imagen, y estate dispuesto a hacer lo que sea necesario para conseguir que ocurra. Cuando lo hagas, encarnarás una de mis citas favoritas de todos los tiempos de Henry David Thoreau, que ha sido una de las fuerzas que ha guiado mi vida: "Si uno avanza confiadamente en la dirección de sus sueños, y se esfuerza por vivir la vida que ha imaginado, se encontrará con un éxito inesperado en algún momento".

CAPÍTULO 10

APRENDE A MEDITAR Y A ENTRENAR TU MENTE

No es accidental que todos los grandes maestros espirituales hayan animado a realizar alguna práctica meditativa de un tipo u otro. Si bien las personas más avanzadas espiritualmente practican la meditación con regularidad, yo la recomiendo encarecidamente para todos. Podrías tener la falsa noción de que la meditación no es para ti; que es ese tipo de cosa inventada por algún gurú del Lejano Oriente que va en taparrabos. Si es así, quiero que reencuadres este concepto y que sepas que, cuando la practicamos, otro mundo se pone a nuestra disposición. Estoy hablando del mundo de la mente.

Cuando entramos en ese mundo, descubrimos muchas cosas sobre nosotros mismos. Por ejemplo, tomamos conciencia de los pensamientos que tenemos todo el tiempo y de cuántos "desastres" hacemos con ellos, y de que las cosas con las que ocupamos nuestra mente a menudo son muy innecesarias, tontas, necias e incluso destructivas.

Recuerda que una de las claves de la conciencia superior es "silenciar el diálogo interno". Quieres ser capaz de tener la mente abierta, clara y calmada, sin que esté acosada por miles de pensamientos. La meditación te ayudará a aquietar la mente y a oír la sabiduría Divina.

LA IMPORTANCIA DEL ENTRENAMIENTO

Muchos de nosotros creemos que cualquier pensamiento parece ocurrir por sí mismo, y no podemos evitarlo. Se produce un pensamiento y simplemente está ahí. Es lo que yo denomino la teoría de la aparición repentina del pensamiento: vas caminando por ahí y de repente: *¡Vaya! ¿Qué ha sido eso? Bien, ha aparecido un nuevo pensamiento. No sé cómo ha ocurrido. Estaba feliz, pero ahora estoy pensando cosas muy infelices. Supongo que tengo que esperar a que desaparezcan.* Pero recuerda que cada pensamiento que tienes es tuyo, es tu creación. Tú eres el creador de tus pensamientos, lo que significa que también eres el creador de tu vida. Tienes una capacidad absoluta de entrenar tu mente.

Dedicamos mucha de nuestra energía a entrenarnos en todo tipo de cosas. Nos formamos o formamos a otros para trabajar en una miríada de trabajos, por ejemplo. O si queremos ser buenos en el golf, o nadando, o jugando al tenis o al *backgammon*, sabemos que tenemos que practicar y entrenar. Sin embargo, ignoramos nuestra mente, que es el 99 por ciento de quienes somos. La ignoramos completamente, como si no hubiera entrenamiento disponible para ella. Por supuesto que lo hay, y todos podemos realizarlo.

Con este fin, hace unos años, enseñé en una universidad de Berlín durante un semestre, y empleé una técnica muy eficaz para entrenar la mente en la retención memorística. El primer día, al comienzo de clase, pedí a un alumno que se presentara a sí mismo. A continuación, pedí a un segundo alumno que presentara al alumno que acababa de presentarse, y seguidamente se presentara a sí mismo. Y así fui repitiéndolo. Pedí al tercer alumno que presentara a los dos anteriores, y después a sí mismo. Seguimos así hasta presentar a toda la clase. Cuando llegamos al estudiante número setenta, esa persona había presentado a todas las demás de la clase por su nombre, y a continuación yo repetí cada uno de los nombres. Se trata de una técnica muy simple, un esfuerzo concentrado por hacer que mi mente recuerde los nombres de setenta personas en hora y media.

Esta era una clase para aprender a identificar el comportamiento neurótico, y yo quería enseñar a los alumnos que podían hacer cosas con su mente que nunca habían soñado que fueran posibles. El ejercicio de los nombres fue una manera simple pero eficaz de mostrarles sus capacidades: dos o tres semanas después, podían recordar el ochenta o noventa por ciento de los nombres. Y para el final de la cuarta o quinta semana, todo el mundo sabía los nombres de los demás alumnos de la clase, y todos se habían entrenado a sí mismos.

Me resulta divertido que cuando a muchas personas se les presenta alguien que no conocen, dicen inmediatamente: "¿Me puedes repetir cuál era tu nombre?" No pueden recordar el nombre de una persona en un minuto. Piensan que es porque tienen mala memoria, pero en realidad es porque no se han entrenado. La meditación es la manera perfecta de conseguirlo.

Como puedes ver, aprender a mejorar la memoria es muy útil. No obstante, lo que tiene todavía más impacto es mantener nuestras mentes libres de preocupación, ansiedad y otros estados estresantes. Podemos hacer esto cuando nos enfocamos y evitamos generar ese tipo de pensamientos que obstaculizan nuestra conciencia. Los milagros están disponibles cuando entrenamos nuestros cerebros.

ESTATE EN EL MOMENTO

Si eres el tipo de persona cuyos pensamientos están llenos de las diez cosas que tienes pendientes por hacer, lo que produce ansiedad y estrés en todo el cuerpo, ¿cómo podrías tener la mente aquietada y en blanco? Estás pensando: *Tengo que ir a trabajar. Hay un informe que tengo que completar. Tengo que calcular mis impuestos. Tengo que comprar unos pañales de camino a casa. Los niños necesitan plátanos. Tienen clase de baile y tengo que llevarles.*

Simplemente entrando en tu mente y mirando alrededor, pronto verás lo pringosa que está, y te darás cuenta de que ocupar tu mente con un catálogo interminable de actividades es ridículo e innecesario. Si eres el tipo de persona que se encarga y se ocupa de las cosas, las cosas se irán haciendo independientemente de cuánto te preocupes. La cuestión es: ¿Cómo usas tus momentos presentes? ¿Entiendes que cuando estás teniendo pensamientos ansiosos niegas el ahora? En lugar de usar el momento presente de manera productiva, serena, calmada, estás eligiendo pensar que no vas a poder pasar este día sin estar ansioso.

Lo cierto es que todo va a ser atendido. Tus impuestos van a hacerse. Tú no eres el tipo de persona que vaya a optar por dejar de presentar su declaración fiscal. Vas a completar el informe. Vas a comprar los pañales. Vas a hacerlo todo; de otro modo, no estarías donde estás. Estarías haciendo alguna otra cosa.

De modo que, si sabes que las cosas se van a hacer, ¿cuál es la manera más eficiente, efectiva y pacífica de hacerlas? Ciertamente no con prisas, ahí es cuando eres menos eficaz. Estarás ansioso, lo que hará que te sientas más molesto, y te olvidarás de algo. Saldrás por la puerta y te dejarás las llaves dentro. Supón que solo dispones de cinco minutos para ducharte. Si te apresuras, pronto descubrirás que estás sudando después de haberte secado. Te darás cuenta de que no hacía falta que te molestaras en ducharte porque vuelves a estar sucio. En cambio, puedes tomar esos mismos cinco minutos y tener una experiencia pacífica. Puedes retirar todo lo demás de tu mente y relajarte. En lugar de apresurarte durante los cinco minutos, puedes experimentar el agua. Puedes lavarte el cuerpo. Puedes secarlo. Cuando acabes, no estarás sudando, aunque hayas empleado la misma cantidad de tiempo.

En el mundo físico entiendes que, si corres, te apresuras y tienes mil cosas que hacer, reduces tu eficacia. Bien, lo mismo es válido para el mundo mental. Si llenas tu mente con todas las cosas que hacer y dejas que te consuman las preocupaciones, tu mente desordenada no va a ser muy eficaz ni eficiente.

¿Y qué pasa si estás en el coche en un momento así? No puedes comprar los plátanos y los pañales, mecanografiar el informe u ocuparte de Hacienda mientras conduces. Lo que puedes hacer es tomar una respiración profunda y centrarte en el presente. Pon algo de música y aquieta tu mente ahí mismo. No cierres los ojos, por supuesto, pero expulsa fuera de ti toda la negatividad. Dile a ti mismo: *Voy a disfrutar conduciendo este trayecto.*

Uno de mis viajes habituales cubre veinticinco kilómetros. Me encantan esos veinticinco kilómetros. Hay un millón de cosas que ver, y puedo captarlas todas. Puedo abrir la ventana y sentir la brisa. Puedo disfrutar de estar presente. Y a continuación, cuando llego adonde voy, si tengo que completar ese informe, estoy completamente preparado para ello. No estaré trabajando en el informe mientras pienso en los impuestos o compro los plátanos, o cualquier otra cosa. Estaré aquí ahora, en el momento. Esto es lo que te enseña la meditación: a estar en el momento, tranquilo, pacífico y alegre. Cuando entrenas la mente, no es algo que hagas quince minutos al día para tener algo que hacer durante esos quince minutos. No, el entrenamiento mental se extiende a todo lo que haces. Cuanto más en paz estás, más eficiente eres. Cuanta más prisa tengas, cuanto más intentes llegar a alguna parte con rapidez, mayores son las posibilidades de tener un accidente; las posibilidades de llegar allí agotado aumentan, las posibilidades de que suba tu ritmo cardíaco o de sentir molestias en el estómago son mucho mayores. Nada de esto es útil ni merece la pena.

La meditación te enseña que tienes la capacidad de usar la mente como tú quieras. De repente, te das cuenta de que no tienes que unirte a todos los demás que están ahí fuera y se sienten frenéticos, molestos y muy tensos. No tiene que ser así para ti.

MANTÉN EL PROPÓSITO

Un día estaba en un partido de tenis y estaba jugando a un nivel muy inferior a mis capacidades. A esas alturas había venido meditando regularmente durante bastante tiempo, y decidí usar entonces el mismo tenis como meditación. Me olvidaría de ganar o perder, me olvidaría del tanteo, y trataría de tomar distancia de mi cuerpo. O más bien debería decir que quería *apartarme* y dejar hacer a mi cuerpo, permitirle hacer lo que sabe hacer, que es golpear una pelota de tenis.

Empecé a meditar allí mismo, en la cancha de tenis. Me sentí muy en paz por dentro y empecé a entrar en ese estado en el que me siento muy ligero y no noto las distracciones. Fue absolutamente increíble lo que fui capaz de conseguir en los siguientes cuarenta y cinco minutos, más o menos, mientras me mantenía completamente concentrado en lo que estaba haciendo. Mi cuerpo era incapaz de cometer un error. Me sentía suelto y cómodo, fue muy poderoso. Fue una experiencia tan conmovedora que me descubrí haciendo eso mismo antes de dar mis conferencias, lo que hizo que el público se sintiera muy feliz y contento.

Un tiempo después de ese partido de tenis, tenía que mantener una conversación desagradable con alguien. Elegí meditar mientras la mantenía, y resultó ser una experiencia fácil y armoniosa. Me di cuenta de que lo que le estaba diciendo a aquella persona era tanto para su beneficio como para el mío. El encuentro fue bien porque no estaba apegado a ningún resultado. Simplemente estaba permitiendo que todo fluyera.

La meditación me ha ayudado a tener más paz, serenidad y energía. Una de las cosas que he descubierto en el proceso es que mi propósito es amar y servir y dar, y debo evaluar cada una de mis conductas, acciones y pensamientos en estos términos: *¿Estoy amando, sirviendo o dando?* Creo que, en realidad, todos nosotros estamos aquí para dar; no estamos aquí para obtener. La meditación nos ayuda a conectar con la energía Divina que nos muestra que todos estamos aquí para servirnos unos a otros y estar en armonía.

En solo quince minutos al día puedes llegar a ese lugar en el que solo dejas entrar a la armonía en tu vida. Ni siquiera dejarás entrar a nadie en tu conciencia, a menos que venga de manera armoniosa. Esto es una especie de compromiso que puedes hacer contigo mismo y con otros: *Si vienes con desarmonía, discordia, enfado, estrés o tensión, solo llegarás hasta mi forma. A menos que vengas con amor, armonía, serenidad, o paz, no llegarás a quien verdaderamente soy. No llegarás allí porque yo estoy más allá de la necesidad de que el conflicto y la confrontación ocupen mi alma. Ya no necesito eso; estoy más allá de eso. Ya no necesito demostrar que puedo lidiar con ello o gestionarlo. Eso se ha ido.*

Esto me recuerda una experiencia que tuve una vez volando de Miami a San Francisco. El avión acababa de salir a la pista cuando el piloto anunció que no podíamos despegar. Teníamos que volver a la puerta de embarque porque el estabilizador que manejaba los alerones no estaba funcionando bien. Íbamos a tener un retraso de varias horas mientras lo reparaban.

Mi actitud inmediata cuando ocurre algo de esto es: *supongo que tienes que llegar a San Francisco dentro de cinco horas*. Después de todo, cuando mis ancestros querían ir a San Francisco desde Miami, si salían en septiembre y llegaban en marzo, consideraban que habían llegado a tiempo. Y era un viaje bueno si la mitad de la gente seguía con vida. De modo que, si voy a tardar tres horas más, o lo que haga falta, está bien. Además, si el estabilizador no está funcionando en este avión, o si falla cualquier otro aparato, quiero volver a la puerta de embarque. No me interesa enfadarme por eso. Este incidente forma parte de rendirme y estar en paz.

La azafata y yo estábamos hablando cuando el piloto realizó el anuncio. Ella me dijo:

—Oh, ¡qué palo!

—¿Qué pasa?

—Mira a toda esta gente. Todos ellos me van a decir algo desagradable cuando salgan del avión. Van a culpar a la aerolínea y me van a culpar a mí.
—Pero tú no tienes por qué aceptar eso —dije yo.
—¿De qué me estás hablando?
—Bueno, tienes dos paquetes o envoltorios que te protegen de cualquiera que venga a ti con esa desarmonía —le dije—. Tienes el uniforme, que es un paquete. Y eso está por encima de tu otro envoltorio, que es tu cuerpo. Los dos están cubriendo o protegiendo a quien tú realmente eres; tú eres lo que eliges pensar de todo esto y cómo eliges procesarlo.

Cada vez que alguien te diga algo negativo, puedes dejar que ese mensaje afecte solo a tu uniforme, a tu envoltorio. *Eso no soy yo,* puedes recordarte. *No me están hablando a mí. No pueden llegar hasta mí con esas cosas. No pueden tener eso. No dejo que nadie llegue a quien yo realmente soy a menos que venga con amor y armonía.* Y mientras le dices a la persona que lo sientes mucho, puedes decirte a ti misma: *Ellos no han llegado a mí. No me tocan con esas cosas.*

Y claro, ella estuvo allí, observando salir a un montón de gente, y muchos de ellos le dijeron cosas desagradables en el camino de salida. En cada ocasión, ella sonreía y les daba instrucciones sobre dónde obtener ayuda de la aerolínea.

Yo estaba detrás para ver cómo le iban las cosas. Cuando desembarcó la última persona, me dijo:
—Ha sido fantástico. Esta ha sido la primera vez que no he dejado que me moleste una circunstancia de este tipo.
—Nunca tienes que dejar que ese tipo de cosas entren en tu vida —dije yo—. Cuanto más las alejes de ti,

más te permites el derecho de tener solo lo que quieres que entre en tu conciencia. Yo hago esta elección continuamente. Cuando voy conduciendo, por ejemplo, y alguien me muestra el dedo, no acepto nada de eso. En cambio, pienso: *Oh, eso son ellos. Así es como están reaccionando a mi forma.* Si alguien viene a mí con amor, serenidad, paz, alegría, tranquilidad y cosas parecidas, entonces puede tener la totalidad de mí. Yo responderé del mismo modo. Dejas entrar lo que tú quieres.

Esto es lo que hace por ti una mente aquietada. La meditación te permite seleccionar lo que dejas entrar en quien tú eres realmente, sin tener que sentirte obligado hacia cada persona y acción de ahí fuera que no encaje con como tú quieres que sean. Tener una mente aquietada, en un sentido práctico, es entender que lo que estoy diciendo aquí no es solo para comentarlo, es para aplicarlo.

BENEFICIOS COTIDIANOS DE LA MEDITACIÓN

Por favor, has de saber que la meditación no requiere que alguien te enseñe exactamente cómo hacerla; de hecho, eso iría en contra de su propósito. Yo he meditado durante mucho tiempo, pero nadie me ha enseñado a hacerlo. Aprendí a entrenar la mente por mi cuenta, y sin embargo he creado milagros para mí mismo en ese espacio, así como en el mundo al que vuelvo cuando acabo de meditar.

Me resulta interesante que podamos crear luz con los ojos cerrados en una habitación oscura. En realidad, no necesitamos los ojos para crear luz, pero definitivamente necesitamos nuestras mentes. Si dudas de que tu mente es capaz de crear iluminación —o colores, olores y sonidos— recuerda que lo hacemos todo el tiempo en nuestros sueños, que es un estado de puro pensamiento. Cuando meditas, quieres llevar tu mente a un sitio similar.

Lo primero es entrenarte para alcanzar un estado de autohipnosis. Aquí es donde entras en lo que se llama un "estado alfa". Como he dicho, no se te tiene que enseñar exactamente cómo llegar ahí, pero tal vez encuentres inspiración en lo que yo hago: uso un reloj que marca periodos de 24 segundos, de los que se usan en los partidos de baloncesto de la NBA. Tiene unas pequeñas luces que empiezan en 24, después pasan a 23, 22 y así sucesivamente hasta llegar a 1. Si entra en mi mente algún tipo de pensamiento entre el 24 y el 1 (aparte de la imagen del número), tengo que volver a empezar en 24. Si llego a 16 y pienso: *Oh, que no se me olvide de la cita con el dentista mañana por la mañana,* a eso le sigue el pensamiento: *de vuelta a 24.*

Sé paciente contigo mismo mientras practicas este tipo de meditación. Puedes usar cualquier clase de reloj o temporizador que haga la cuenta atrás, pero no tienes que darte mucho ni poco tiempo, de modo que considera la posibilidad de empezar con el número 24, como hago yo. Te llevará algunos días llegar hasta 1, pero persiste. Cuando vayas de 24 a 1 sin que surja ningún pensamiento, estarás en el estado alfa.

Sabrás que has llegado al estado alfa cuando levantes las manos y sientas los brazos muy ligeros. O la cabeza te parecerá casi ingrávida, como si estuvieras a punto de abandonar la forma. Después de unos días o semanas, podrás entrar en el estado alfa sin reloj temporizador. Podrás hacerlo solo con la respiración.

Cuando te sientas cómodo entrando en el estado alfa, puedes presentar diversos temas a tu yo superior. Puedes plantearle preguntas que tengas sobre tu vida, sobre las disputas que puedas tener con tus hijos, sobre tus relaciones, sobre dónde deberías ir, las decisiones de las que no estás seguro, y cualquier otra cosa de este tipo.

A medida que entras en el estado meditativo, lo que ocurre es que sales de este mundo de forma y entras en lo informe, en el mundo sin dimensiones del pensamiento. Entonces te das cuenta de que eres el testigo, observándote a ti mismo pensar y después reaccionar a tu pensamiento. Puedes preguntarte: *¿Cuál es la solución para esto? ¿Qué puedo hacer? ¿Por qué es esto un problema para mí? ¿Por qué estoy creando esto en mi vida? ¿Por qué estoy teniendo una época tan difícil con mi pareja? ¿Por qué estoy chocando continuamente con esta persona concreta en el trabajo? ¿Qué estoy haciendo para acabar fracasando siempre?* Las respuestas empiezan a venir, flotando directamente a tu conciencia desde tu yo superior, desde lo Divino.

Ahora bien, tu manera de aplicar esto a tu vida de cada día se convierte en la esencia misma del despertar. Puedes meditar antes de la reunión con un cliente y ver cómo quieres que salga. Y si bien no puedes controlar cómo van a actuar o reaccionar las otras personas, porque eso les corresponde a ellas, te controlas a ti mismo. Ciertamente puede tener un impacto en cómo esa otra persona va a reaccionar ante ti en función de hasta qué punto estás en paz contigo mismo y de cuán desapegado estés del resultado. Te enfocas en *¿cómo puedo servir a esta otra persona?*, más que en *¿qué voy a ganar con esto?* Puedes hacer esto en todas tus relaciones: buscar la belleza y la alegría en tu propia mente, y ver cómo quieres que sean esas relaciones. Cuando inicié una práctica de meditación regular por primera vez, sentía tanta dicha con todas las personas que veía que apenas podía soportarlo. Les miraba y pensaba: *Ah, ¿no son geniales?* Sentía una gran conexión con todas las personas con las que estaba cara a cara, desde los miembros de mi familia hasta desconocidos totales. Blaise Pascal dijo una vez: "Todos los problemas de la humanidad surgen de la incapacidad del ser humano de sentarse en una habitación en silencio y en soledad", y eso tiene sentido para mí. No podría imaginarme haciendo daño a nadie al salir de ese estado.

Al hablar de la meditación, también me gusta usar el ejemplo de tener dos yoes: un yo es un pensamiento y el otro yo está en una forma. Si te dices a ti mismo: *Tú, necio, no deberías haber hecho eso,* tienes a dos personas ahí. Tienes la persona que está insultando —es decir, el pensamiento que te está llamando necio— y después tienes al necio, que es el cuerpo que tiene que reaccionar a los pensamientos que tengas. De modo que, si te llamas a ti mismo necio, tienes el pensamiento "necio" y tienes al necio que tiene que reaccionar. La meditación te puede ayudar a poner en armonía a esos dos yoes, de modo que el primer yo, el pensamiento, y el segundo yo, el cuerpo, estén en unidad. Solo te estás llamando a ti mismo lo que quieres ser, y solo estás viendo lo que quieres que esté en tu mente para que tu cuerpo lo haga.

Puedes empezar a aplicar esto cerrando los ojos y entrando en un espacio muy aquietado. De hecho, si no tienes tiempo para meditar, lo único que tienes que hacer es aprovechar la última hora antes de ir a dormir para usarla de esta manera, porque te proporcionará una profunda sensación de descanso y relajación totales, como no la has experimentado nunca. Una hora de meditación equivale a ocho horas de sueño profundo y reparador. Es así de poderosa.

Se dice que esta práctica puede llegar a alterar nuestra química corporal. Puedes usar la meditación para alcanzar el estado elevado, extático, precioso y exquisito que la gente busca tan desesperadamente con las drogas. Creo que sería especialmente beneficioso enseñar a la gente joven el poder de su mente, para que no sientan la tentación de perseguir una libertad falsa. Personalmente, la meditación siempre me ha llenado de la más maravillosa sensación de paz y armonía. Es un sentimiento magnífico, como de estar realmente en contacto con Dios.

EL MANTRA DEL CORTACÉSPED

Hay una bella historia de un hombre que se sintió molesto al oír la bocina de un coche que avisaba a los vecinos de al lado. Y le dijo a su esposa:

—Si tuviera poderes mágicos, podría pinchar las cuatro ruedas de ese coche cada vez que viene por aquí. O podría poner un silenciador a esa bocina y ni siquiera la oiría. Eso es lo que haría si tuviera poderes mágicos.

Ella respondió:

—No. Si tuvieras poderes mágicos la bocina no te molestaría en absoluto.

Aquietar la mente significa que ya no eres susceptible a todas las influencias externas que te rodean. Como ejemplo de esto, puedes ver un partido del campeonato de tenis US Open, que se juega en Nueva York, justo al lado del aeropuerto LaGuardia. Siempre me sorprende ver que los participantes son capaces de jugar a pesar del ruido y la distracción de los aviones volando sobre sus cabezas. Sin embargo, cuando yo mismo estoy muy implicado en un partido de tenis, he tenido martillos neumáticos cerca y ni siquiera me he enterado. Es posible que a mi oponente le esté volviendo loco el ruido, pero toda mi concentración está en la pelota. Las personas que son muy buenas en un juego, o en cualquier actividad que requiere concentración, saben hacer eso.

Esto me hace pensar en algo que ocurrió cuando estaba de vacaciones en Hawái con mi familia hace algunos años. Durante siete días seguidos, me levanté a las 5:30 de la mañana y salí a meditar en una zona herbosa cerca de nuestro hotel.

Un día estaba sentado en mi esterilla y estaba en un estado de dicha. Sentía la energía Divina ascendiendo y descendiendo por mi columna, la sensación era increíble. De repente oí un ruido: *Vrrm, vrrm, vrrm, vrrm, vrrm, vrrm, vrrm*. Miré hacia arriba y vi a un hombre con mal aspecto, con un cigarrillo en la boca y tatuajes que le cubrían completamente los brazos. Me di cuenta de que, aunque era muy temprano por la mañana, iba a cortar el césped. Mi primer pensamiento fue: *Oh, no*. Me puse de pie, enrollé la esterilla y empecé a irme. Entonces, de repente, me llegó una intuición y dije: "Vuelve. Vuelve y usa esto. Esta es una experiencia metafísica". No era que estuviera oyendo voces; fue un diálogo interno.

Pensé: *¡Vaya!* Pero volví a poner la esterilla en el suelo, y en aproximadamente dos minutos volví al estado meditativo. Mi intuición me dijo: "Usa el cortacésped como mantra". De modo que cada vez que oía *Vrrm*,

vrrm, vrrm vrrm, pensaba para mí mismo: *Oh, sí.* Y volvía a ese estado de dicha.

El tipo que estaba cortando la hierba se acercó al lado de mi esterilla y el ruido era increíble. Pensé: *Dios, estoy aquí y estoy escuchando, pero, ¿por qué me envías a esta persona a las seis de la mañana? Ya lo veo, es una prueba.* Transcurridos unos diez minutos, al fin terminó, y me sentí feliz de que hubiera acabado. Estaba volviendo a ese lugar muy pacífico dentro de mí cuando oí el sonido más fuerte que he oído en mi vida. Mi amigo había vuelto, y esta vez tenía una podadora. Dios es mi testigo cuando digo que el tipo decidió podar hasta los bordes de mi esterilla. *Brrrrrrrr.*

Pensé, *de acuerdo, Dios. Voy a usar la podadora como mantra. Voy a quedarme aquí. Tengo que convertir esto en algo.* Él continuó justo a mi lado, *Brrrrrr.* Yo seguí con ello. No dejé que la distracción me influyera. Esto duró una media hora, pero cuanto más ruidosa era la podadora, más fácil me resultaba concentrarme.

Él acabó de trabajar en el jardín y yo acabé de meditar. Apuesto a que dijo: *Vaya, este tipo está en alguna clase de trance, o está muerto. Uno o lo otro.* Realmente me sentí como si hubiera salido de un trance. Cuando acabas una meditación así, es como si pudieras volar. Puedes hacer cualquier cosa, y lo único que tienes es amor, lo único que tienes es armonía, lo único que tienes es paz para ti y para el mundo. Nada ni nadie puede alterarte, pase lo que pase.

Mientras caminaba hacia este hombre, pude ver que estaba muy tenso. Yo era como unos treinta centímetros más alto que él. Probablemente pensó: *Este tipo viene a pegarme.* Me metí la mano en el bolsillo, encontré ocho dólares y se los di. Le dije:

—Muchas gracias por estar aquí. Hoy realmente te necesitaba.

Él me miró como pensando: *No sé qué está pasando aquí,* pero yo sonreí y me alejé.

Fue la mayor prueba que he experimentado nunca de que cuando la vida te da limones, puedes hacer limonada. Ese día se me enseñó que tienes en tu mente el poder de convertir todo lo que viene a ti en aquello que quieres que sea. Todos tenemos cortacéspedes que llegan a nuestras vidas cada día. Lo que hagamos con ellos y cómo los gestionemos… bueno, ese el camino hacia nuestra transformación personal.

CAPÍTULO 11

VIVE EN LA LUZ

Ram Dass cuenta una de mis historias favoritas de siempre. Es sobre su gurú, con quien vivió y trabajó durante años en India, un hombre al que consideraba la persona más avanzada espiritualmente que había conocido.

En aquel tiempo Ram Dass estaba haciendo algunos experimentos con Timothy Leary y otros, de modo que llevaba consigo tres cápsulas de LSD.

—Esto sería suficiente —dijo— para tranquilizar a un caballo durante varios días.

Había planificado tomar el LSD a lo largo de una serie de meses, solo uno o dos microgramos cada vez.

Su gurú le dijo:

—Tienes una medicina divertida... déjame verla.

Ram Dass le mostró las cápsulas pero le avisó:

—No vayas a tomarte las tres. Solo deberías tomar unos pocos microgramos de una de las cápsulas, y eso te producirá el efecto deseado.

Su gurú tomó las tres cápsulas, se las puso en la boca y las tragó. Se metió debajo de su manta y después salió y se puso a hacer cosas divertidas. A continuación, sonrió y dijo:

—¿Tienes más? No parece estar funcionando.

Ram Dass se dio cuenta de que la droga no tenía ningún efecto sobre su gurú. Esta fue su conclusión, que es una de las mejores líneas que he leído sobre el tema:

—Si ya estás en Detroit, no tienes que coger un autobús para llegar allí.

En otras palabras, cuando alguien ya está en el mundo espiritual, no necesita nada para llegar allí. Para nosotros, "aprender a ir a Detroit" significa lograr ese despertar del que hemos venido hablando en este libro. Es cuando estamos cómodamente en el lugar que es poderosamente nuestro. Es cuando entendemos que el pensamiento se origina en nosotros, lo que significa que la vida es nuestra propia creación. Sabemos que nuestra forma simplemente pasará, pero no podemos matar el pensamiento, de modo que lo que realmente somos no puede morir nunca.

Cuando estás verdaderamente despierto, con una conciencia espiritual acrecentada, sabes que, si siempre estás buscando algo, ese algo siempre te eludirá. Esto es verdad para cualquier cosa en la vida. Tomemos el éxito: ganar mucho dinero no es lo que hace que una persona sea exitosa. Más bien, la persona exitosa aporta éxito a todo lo que hace, y lo más probable es que el dinero solo sea uno de los beneficios resultantes.

La iluminación es lo mismo. Iluminación es algo que llevas a todas tus interacciones, a todos tus procesos mentales, a todas tus experiencias de vida. En realidad, es una actitud o un planteamiento de vida. Esa actitud o planteamiento es literalmente el de "vivir en la luz", y eso significa que estás yendo hacia ti mismo. Nunca te alejas de ti mismo, y ves la perfección en ti y en quien tú eres. No cuestionas el universo. Ves a todas las personas y cosas dentro de él exactamente donde se supone que tienen que estar. No tienes juicios ni negatividad. Como ser humano estás equilibrado.

La iluminación es un estado mental con el que, una vez que lo tienes —una vez que te aceptas a ti mismo y tu perfección— dejas de intentarlo: ya estás en Detroit.

TODO FUNCIONA PERFECTAMENTE

Piensa en esto: si tomas un bocado de comida y empiezas a masticar, tienes que hacer muchas cosas con esa comida para que se incorpore a ti. Digamos que acabas de tomar un bocado de ensalada, y ahora tienes lechuga y tomate en la boca. Bien, tienes que segregar un poco de saliva para ayudarte a masticar. Pero tú no intentas salivar; tu cuerpo sabe perfectamente lo que ha de hacer. Cuando tragas, no tienes que hacer un seguimiento de las reacciones peristálticas que se producen en tu garganta y esófago para asegurarte de que el alimento vaya hacia abajo en lugar de hacia arriba. El alimento nunca se te sube a la nariz; bueno, quizá de vez en cuando, si estás haciendo tonterías, pero no has dicho: "Oh, espera un minuto, me la pongo en la nariz. Se supone que ha de ir ahí". No, va donde se supone que ha de ir, y después se descompone.

No tienes tomates ni un gran pedazo de lechuga flotando por tu cuerpo y preguntando: "¿Adónde se supone que tenemos que ir?" Los masticas, y distintos tipos de enzimas atacan las piezas de alimento. Todo va exactamente donde tiene que ir, pasa por el sistema digestivo y después se distribuye por las distintas partes de tu cuerpo: tal vez tu páncreas necesite hoy un poco de lechuga. Pero si no incorporas alguno de los componentes de los tomates, no es que tus dedos de los pies se vayan a caer. Cada parte de tu cuerpo incorpora los nutrientes adecuados sin que tú tengas que hacer nada.

Y tú no vas por ahí diciendo: "Oh, señor, tengo que acabar todo este proceso. Me queda mucho que hacer en esta digestión. Tengo que asegurarme de que el páncreas y el duodeno funcionen. Vaya, ¿cómo convierto esta lechuga en un producto de deshecho? ¿Y cómo voy a expulsar los deshechos?" No te ocupas de hacer nada de eso. Todo funciona en armonía y perfección. Tu corazón late, y lo hace miles de veces al día. No tienes que decir a tu corazón que bombee sangre, porque ya lo hace perfectamente. No tienes que hacer nada de eso, y sin embargo lo estás controlando todo.

La iluminación es así: te pones en armonía y empiezas a funcionar óptimamente. Quien tú eres, como ser humano, es algo que simplemente ocurre. Todo funciona. No tienes que ir por ahí pensando todo el rato: *¿Es esta una respuesta iluminada? ¿Estoy usando la conciencia superior aquí? No sé si estoy siendo suficientemente espiritual. ¿Tengo que realizar algún ajuste?* No tienes que hacer eso, como tampoco tienes que hacer latir tu corazón ni conseguir que funcione tu sistema digestivo. Todo funciona perfectamente cuando estás en armonía. Y si no estás en armonía, entonces es como si estuvieras tratando de dirigir el tomate y la lechuga a los lugares adecuados. Es algo que te confunde y desconcierta.

Si trataras de hacer latir tu propio corazón no podrías. Dejas que trabaje de manera natural. Así es como debes verte a ti mismo dentro del universo: permítete funcionar perfectamente. La manera de hacerlo es enfocarte en ti mismo al tiempo que sientes respeto y amor por todos. Estas leyes universales de las que estamos hablando aquí son las mismas que se aplican a la digestión y al sistema pulmonar. Las enzimas necesarias son liberadas al instante, y todo ocurre de una manera perfecta. Hay ciertas reglas y leyes que son aplicables a todo lo que hacemos, desde cómo nos relacionamos unos con otros hasta la manera en que funcionan nuestros cuerpos.

A veces, después de oírme hablar o de leer mis libros, algunas personas vienen a mí y me dicen:
—Yo también soy un buscador.

Ellos asumen que soy un buscador porque hablo de las verdades superiores, de principios y leyes que son universales pero que tanta gente elude. Esto me resulta divertido, de modo que respondo:
—Yo no soy un buscador. No estoy buscando nada. Estoy evolucionando, pasando por el sueño y disfrutando de todo. Estoy llevando este estado mental a todo lo que hago.

Cuando estás en armonía con estas leyes trascendentes, estás iluminado. No estás buscando la iluminación. No tienes que entenderla ni tienes que estar de acuerdo con ella. Simplemente sabes que la iluminación es. De hecho, la iluminación no es más que la aceptación serena de lo que es.

Tu deseo de mejorar las cosas también forma parte de lo que es, de modo que aprendes a ir con él. Cuando te enfocas en mejorar las cosas —en ayudar, servir, extender amor— y eres capaz de enviar eso al mundo, pasas a formar parte de la conciencia espiritualmente consciente y despierta.

LAS TRES ETAPAS DE LA ILUMINACIÓN

He descubierto que hay tres etapas específicas en la iluminación. La primera consiste en aprender mirando atrás. Como ejemplo, pienso en una mujer que me contó:
—Hace diez años, mi marido vino un día del trabajo y me dijo: "Te voy a dejar", y se fue. Me sentí desolada. Estuve años sin poder superarlo. Pero ahora puedo mirar

atrás, a cuando me abandonó, y verlo como el punto de inflexión más importante de mi vida. Veo que fue una bendición.

Después de años de sufrimiento, ella fue capaz de darse cuenta de que el hecho de que él la abandonara había sido una bendición, no una tragedia. En otras palabras, este estado de iluminación se alcanza mediante un profundo entendimiento del pasado. El conocimiento presente de que hay una oportunidad en cada obstáculo no se incorpora de manera inmediata.

En la etapa siguiente, actúas: entiendes en tu corazón que todo lo que se presenta en tu camino es una bendición. Ves que esto es algo más que una frase manida que se usa en autoayuda. De hecho, lo que he estado contando en este libro no es autoayuda sino *autorrealización*, que está mucho más allá de la autoayuda.

Cuando empiezas a realizarte —cuando descubres tu magnífico potencial— ves que todo lo que viene a ti contiene una oportunidad, aunque pueda parecer un obstáculo. Piensas: *Me pregunto por qué he creado esto. Me pregunto qué lección hay aquí para mí.* Es posible que todavía estés sufriendo, pero el sufrimiento es mínimo y no dura. En lugar de diez años, podrías superar una situación difícil en diez semanas, o en diez días, o tal vez en diez minutos.

El sufrimiento siempre se despliega en la forma porque procede de tus pensamientos. Como ya sabes que aquello en lo que piensas se expande, aprendes a no enfocarte en lo negativo. Digamos que estás pasando por un divorcio, por un periodo difícil en lo económico, por una enfermedad, por la muerte de un familiar o algo parecido. Ahora puedes ver la situación de esta manera: *Puedo sacar algo de esto. Puedo crecer a partir de esto. Puedo trascenderlo e ir más allá.* Tu mente se enfoca en eso, en lugar de en: *¿Por qué me está ocurriendo esto a mí? Algún día sabré por qué, pero ahora no lo sé. Es terrible, voy a seguir deprimido seis años más.* Ya no vas ahí. Pensar de esta manera pertenece a otra etapa de tu vida. Estás sólidamente en la segunda etapa.

La gente pregunta: "Si esa es la segunda etapa, ¿qué más hay?" Bueno, la tercera etapa de la iluminación ocurre cuando eres capaz de salir y ponerte frente a las cosas. Las ves venir y juegas con ellas en el pensamiento, y después decides cuál de ellas va a ser llevada a la forma.

Por ejemplo, digamos que estás en una relación y tu pareja dice algo que te molesta. Sabes que, si respondes de cierta manera, ella te dará otra respuesta parecida. Entonces tú vas a decir esto y ella dirá aquello; puedes desplegar todo esto en el pensamiento, y ya estás frente ello. Puedes incluso ver que esto podría convertirse en un estallido total, y que ambos podríais enfadaros durante dos o tres días, tal vez sin hablaros, tal vez echándoos la bronca, o haciendo el tipo de cosas que solemos hacer para evitar la intimidad.

Una vez más, lo despliegas en tu mente y sabes que no estás obligado a pasar por ahí. No tienes que quitarle la razón, lo cual ya es un gran paso. No tienes que tener la razón, lo cual es un paso todavía mayor. Aquí no hay correcto o equivocado. Lo despliegas todo y, al hacerlo, decides que no tienes que llevar esta alteración a la forma. Te ha puesto frente a ella; se ha ido. Todo ello se ha desplegado en tu mente. Usas tu mente para no llevar a la forma, a tu vida, ni a la acción eso que sabes que no es beneficioso para ninguno de vosotros.

En las relaciones, esto significa soltar la necesidad de tener razón y más bien celebrar las diferencias que tienes con la otra persona, estando de acuerdo en no estar de acuerdo con respecto a ellas, durante el resto de tu vida si fuera necesario. Yo suelo decir a la gente que llegar a esta etapa es magnífico, porque una vez que tú y tu pareja estáis ahí, todavía puedes expresar tu perspectiva. No tienes que tener cierta edad para llegar a este punto, puedes aprenderlo en cualquier momento de tu vida.

A medida que avanzas por los niveles de iluminación, pasas de ser un actor en el primer acto, que está dirigido por los acontecimientos, las circunstancias y otras personas, a ser tú el director en el segundo acto. Después, en el tercer acto, también te conviertes en el productor. Ahora eres el actor, el director y el productor de tu vida, y estás haciéndolo todo con tu mente. Si se trata de un movimiento profesional que en otro momento te habría angustiado, ahora puedes ver cómo va a ir. Si estás viviendo en Atlanta y necesitas trasladarte a Houston, puedes verte vendiendo tu casa y conduciendo hasta Texas para emprender ese nuevo trabajo o empresa.

Cuando despliegas todo esto, puedes ver cómo va a funcionar todo para ti, porque aquello en lo que piensas se expande. Entonces puedes decidir. Tu decisión no se basa en: *Mi jefe me va a hacer esto, y el mundo me va a hacer aquello, y si estas cosas no funcionan...* Esto está basado en proteger mentalmente la manera en que quieres que salgan las cosas; entonces ya estás frente a ellas, y al final no te vas a Houston. O tal vez elijas trasladarte porque ves que es una aventura emocionante y maravillosa, la ocasión de hacer algo nuevo. Puedes dar estos pasos con respecto a cualquier cosa que percibas que está viniendo hacia ti, pero, en realidad, estás creándolo a través de las elecciones que realizas.

Como he dicho, puedes usar la mente de maneras muy interesantes. En tu trabajo, puedes ver que, si reaccionas de cierta manera hacia el jefe o hacia un compañero de trabajo, sabes que: *Si digo o hago esto se va a disgustar. Ya no tengo que ir ahí. En lugar de comportarme de la manera A, B, C o D, ya lo he desplegado todo en mi mente y he visto el resultado. No quiero ir allí. Ya no quiero que mi forma tenga que pasar por todo eso, de modo que tomo una posición frente a ello.* Es como estar produciendo tu vida a través de tu mente.

SOLUCIONES EN LAS QUE TODOS GANAN

La persona totalmente despierta y consciente va casi más allá del éxito. En la sociedad occidental, el éxito tiende a significar acumulación o ganancia, más que conseguir un logro. Casi siempre significa que tienes que ser mejor o conseguir más que otro. En gran medida, esto forma parte de nuestra cultura, y no hay nada malo en ello. Pero ahora entiendes que el éxito, el logro y el rendimiento conllevan la idea de que alguien más tiene que perder para que tú puedas ganar. Cuando estás iluminado, aprendes a aproximarte al conflicto desde una posición en la que todos ganan. Si bien esto se ha convertido en un eslogan popular y en una filosofía de los negocios, también se puede usar en cualquier tipo de situación interpersonal.

Estoy convencido de que cuando estás en una relación romántica, te enamoras de las cosas de la otra persona que no tienes en ti. Después de todo, enamorarse de alguien que lo tiene todo exactamente igual que tú es tener una relación redundante. Eso ya lo tienes, ¿para qué quieres más de ello?

Sin embargo, la gente suele decir: "Oh, tenemos tanto en común. Él dice esto y yo digo lo mismo; a él le gusta hacer esto y a mí también me gusta. Él es un atleta y a mí me gustan los atletas". Piensan que es maravilloso tener tantas cosas en común. Y yo siempre pienso: ¡Vaya! *Esta relación está condenada. Aquí tenemos un verdadero problema.* Pero cuando alguien dice: "Ah, ella es justo lo opuesto a mí", creo que, casi siempre, ahí es donde se encuentra la mayor intensidad. Cuando los miembros de esta pareja se miran el uno al otro, se dan cuenta: *Hay muchas cosas que yo no soy ni puedo ser, y eso me gusta. Me gusta tener eso a mi alrededor. Necesito esa pasión a mi alrededor. Necesito a esa persona que habla tanto cerca de mí, porque yo soy muy callado.* Esto es lo que les hace quererse.

No obstante, a menudo ocurre en una relación que, conforme pasa el tiempo, olvidas que son las diferencias las que le dan sabor. Entonces conviertes esas diferencias, que son precisamente lo que te atrajo de esa persona, en áreas de conflicto o confrontación. Empiezas a intentar cambiar a la persona que amas. Esto no le lleva a pensar que le amas, sino a pensar que quieres que sea diferente. Tienes que acordarte de volver a aquello de lo que te enamoraste.

Todas las relaciones guardan relación con un opuesto. No necesitas un espejo de ti mismo, ya lo tienes. Incluso con tus hijos, las cosas que hacen que los quieras más son cosas que no se parecen a las que haces tú. A menudo estas son las cosas que más respetas. Por ejemplo, admiras a la niña que está dispuesta a defender lo que ella cree que está bien y a soportar los palos que conlleva esa valentía. Por supuesto, no quieres que te lleve la contraria ni que sea desobediente, pero hay una parte de ti que dice: "Vaya, yo nunca tuve el coraje de hacer eso. No quiero que ella deje nunca de hacerlo". Cuando admiras estas cualidades, puedes aprender de ellas, y ellas se convierten en tus maestras.

Puedes hacer algo muy positivo y bello a partir de esas diferencias. Cuando conviertes el conflicto en algo que honrar, que celebrar, con lo que danzar, te enfocas instantáneamente en las soluciones. Muy a menudo, la solución a las diferencias en cualquier relación consiste en respetar, honrar y celebrar precisamente esas mismas cosas que son diferentes en la otra persona. Una vez más, llevas a esa situación una actitud en la que todos ganan.

De modo que cuando surja algún conflicto en el trabajo, tienes que seguir el mismo planteamiento. Evita el impulso de orientarte hacia el problema, es decir: *Voy a decirle a esta persona que está equivocada, y que yo tengo razón,* o de convertirlo en una competición. No tienes que sentirte amenazado por las diferencias con otras personas. Ves que los demás están en una parte del camino distinta a donde tú estás. Algunas personas son muy eficientes a la hora de hacer las cosas, mientras que otras son más lentas. En lugar de decirles que están equivocadas, evita completamente que tu ego se involucre en esto.

Creo que esta es una de las cosas más difíciles de entender en el Occidente orientado al intento-de-adelantar-al-otro. Sin embargo, debemos intentar llegar al punto en el que las diferencias con los demás se honran y se respetan, y se aceptan tal como son en lugar de tratarlas como si hubiera una competición. Establecer un planteamiento espiritual, intuitivo y del cerebro derecho no va a hacer que seas débil, timorato ni menos provechoso; de hecho, te aportará paz y armonía. Te dará la sensación de saber de qué vas y por qué estás aquí, y la falta de necesidad de tener razón, de ganar, o de denostar al otro te libera para poder rendir más. Yo me he orientado mucho más hacia esta dirección en mi propia vida. No necesito hacer una competición de cada diferencia que tengo con los demás; más bien, reconozco esas variaciones y busco soluciones. Bailo con, e incluso disfruto, la discordia, en lugar de tratarla como algo que no debería estar allí. Puesto que he renunciado a algunos de mis apegos a necesitar tener razón y me he embarcado en un camino de irradiar amor, paz, armonía y alegría, nunca he tenido más éxito en mi vida. Mis libros y programas de audio son muy populares. La demanda de mis conferencias ha aumentado, y la gente me está pidiendo que haga cosas que nunca me había pedido antes, como hacer mi propio programa de televisión o escribir obras de teatro. El éxito, considerado como una moda externa, como un logro, ciertamente ha aumentado para mí. Sin embargo, estoy hablando de ir más allá de todo eso.

Una vez más, la gran paradoja es que, cuando nos enfocamos en hacer lo que nos produce felicidad y en estar al servicio de los demás, todas esas cosas que buscamos tan desesperadamente —éxito, logros, rendimiento— parecen llegar a nuestra vida en grandes cantidades. Pero, mientras sigamos empujando, exigiendo, persiguiendo y luchando por ellas, no llegarán nunca. Los únicos vehículos disponibles para llevarnos del esfuerzo a la consecución son el desapego y la aceptación.

UN NUEVO TIPO DE PLANTEAMIENTO

Cuando estás iluminado, ya no te consideras separado de la conciencia superior. En cambio, la ves como aquello que tú eres. Entonces empiezan a producirse cambios nuevos y drásticos en tu vida. Ese viejo enfoque en la acumulación y en tener que conseguir que se hagan las cosas ya no está ahí, de modo que te vuelves mucho más pacífico. Entonces, transcurrido algún tiempo, te das cuenta de: *Todo lo que estoy haciendo está bien. Incluso cuando meto la pata, incluso cuando no salen las cosas, siempre hay algo que aprender. Hay una oportunidad en ese obstáculo o en ese fracaso.* Sientes una paz increíble en todo lo que estás haciendo.

Ves que este mundo de formas es una ilusión y que te estás destruyendo a ti mismo con cosas que ni siquiera son reales. ¿Por qué debería preocuparte si le gustas a esta persona o no, si consigues ese dinero o no, y todo ese tipo de cosas? De todos modos, no puedes hacer nada al respecto. Te dices a ti mismo: *Voy a dejar de liarme a mí mismo. Voy a dejar de pensar así.* Antes de que transcurra mucho tiempo, en lugar de estar lleno de enfado y desarmonía, estás lleno de aceptación. Tienes un nuevo planteamiento hacia todo lo que estás haciendo en tu vida, y lo único que importa es el amor.

En el fondo de ti —en ese lugar especial donde sabes que tú eres pensamiento y que el pensamiento eres tú, y que eres una conciencia superior— te sientes más productivo y menos consumido por lo que piensen los demás. Te descubres alejándote de las cosas que antes formaban una parte tan importante de tu vida, como intentar gustar a tal persona, o tratar de agradar al otro, o estar en una relación despótica o controladora. Dejas todo eso atrás. Evitas la confrontación y el conflicto porque tú ya no eres eso. Eres mucho más pacífico con todas las cosas.

Transcurrido algún tiempo, buscas la belleza en lo que hacen los demás, y la ves en todo el mundo. Alguien te corta el paso en la autopista, alguien te grita, alguien se muestra desagradable contigo, alguien no te paga su deuda —toda una serie de cosas que antes te habrían vuelto loco— y tú entiendes: *Ahí es donde está esa persona en su camino.* Sabes que todo lo que te pasa y todo lo que les pasa a las personas con las que te encuentras en tu vida son regalos. Te enseñan algo sobre ti mismo. Piensas: *Todas estas personas solo son pruebas para que yo vea si puedo, de hecho, enviarles algo útil y positivo, y no dejar que me alteren.*

En cuanto una persona negativa comienza a alterarte, lo que has hecho es cederle el control de tu vida. Le has comunicado que su opinión de ti es más importante que la tuya. Si ves a esa persona y captas dónde está en su camino, reconociendo que su manera de comportarse no tiene nada que ver contigo, no te vas a sentir desdichado porque haya elegido comportarse así contigo. Antes de que pase mucho tiempo, puedes darle la vuelta a este tipo de personas.

Supongamos que hay tres personas examinando una situación dada: una de ellas ve el enfado, otra ve la hostilidad y la otra ve el amor que está detrás de todo. La persona que ve el amor que hay detrás del encuentro, dondequiera que esté, tiene una oportunidad mucho mejor no solo de conseguir lo que quiere, sino también de ayudar a reorientar a las demás. Por ejemplo, piensa en un aeropuerto, donde hay muchas personas luchando por conseguir sentarse en un avión. Me he encontrado muchas veces en una situación similar. Habrá diversas personas actuando agresivamente hacia una empleada que está tratando de hacer las cosas lo mejor posible y de ser tan educada como pueda. Pero la persona que es antagónica solo ve antagonismo en la otra persona.

Suelo admirar lo bien que las azafatas lidian con toda la gente que las trata mal. Reconozco el tipo de persona que es y que está tratando de dar lo mejor de sí misma. Cuando llega mi turno de subir allí, le digo: "¡Vaya! Realmente lo tienes difícil. Sin duda uno tiene que soportar muchas cosas en un trabajo así, pero lo llevas muy bien y no pierdes la tranquilidad". ¿Sabes qué? A menudo ella tiene un detalle conmigo. Es posible que me pase a primera clase, que consiga el sitio que quiero, o simplemente que me premie con una sonrisa auténtica.

Cuando buscas lo bueno, puedes hacer que casi cualquier situación se ponga a tu favor. Pasado algún tiempo, esto se convierte en un hábito, y ni siquiera ves lo negativo porque no lo tienes dentro de ti. En las autopistas, saludas con la mano a la gente y les das las gracias por dejarte pasar. Esperas que alguien te permita incorporarte, pero si no lo hace, no reaccionas a esa acción. No te quejas: "Esta gente, ¿quiénes se han creído que son?" Dejas ir todo. Dejas que pasen a tu lado y buscas a la siguiente persona. Antes de que pase mucho tiempo, alguien te hará una señal con la mano y te dejará pasar. Sonríes y le das las gracias, y consigues lo que quieres sin tener que apegarte ni aferrarte a la negatividad que ve la mayoría de la gente. Estás viviendo en la luz.

Swami Muktananda tenía un dicho maravilloso. Dijo: "La iluminación es la mayor decepción para tu ego". Esto ciertamente es verdad, puesto que es el lenguaje del yo superior, todo el rato. Es una señal de que estás totalmente despierto y consciente, en contacto con la naturaleza Divina que realmente eres. Ya no necesitas intentarlo; tú eres. Has llegado.

CAPÍTULO 12

DISFRUTA DEL CIELO SOBRE LA TIERRA

A medida que vamos concluyendo el viaje con este libro, vamos a volver al curso que trazamos al comienzo. Si fueras capaz de suspender la incredulidad y de mantener la mente abierta, podrías sentir una especie de expansión al ir más allá de los límites con los que antes te sentías cómodo. Cosas que antes no estaban disponibles para ti, en función de la conciencia que tenías cuando empezaste a leer este libro, ahora probablemente te parecerá que están a tu alcance. A medida que vamos concluyendo, me gustaría iluminar algunos de los beneficios que puedes esperar una vez que estés en sintonía con la parte superior de ti, y le digas a tu ego que se ponga en el asiento de atrás.

LAS BENDICIONES DEL YO SUPERIOR

Cuando estás totalmente despierto, consciente e iluminado, recibes algunas de las bendiciones más poderosas del universo. Estas llegan a través de tu yo superior, que es lo Divino hablando a través de ti.

—**Experimentas una drástica reducción de la cantidad de estrés que soportas.** Esta es una de las cosas más importantes que te ocurren. Te das cuenta de que lo que te produce estrés es estar muy centrado en ti mismo. Cuanto más estrés tienes, tanto más te controla el ego. Cuando ya no insistes en tener lo que quieres, de esa manera particular y con esos tiempos particulares —impulsando en todo momento a otros a pasar por el aro para que tú puedas tenerlo— eres mucho más pacífico.

Cualquiera que se sienta estresado está sujeto a gustos y aversiones rígidos. Una adherencia tan estricta significa una ausencia de libertad para ti, que a su vez puede manifestarse en las incontables enfermedades relacionadas con el estrés. ¿Por qué debería estar a merced del ego cualquier aspecto de tu vida? Es como depositar el control en algo externo a ti, y, por supuesto, en cuanto haces eso dejas de ser libre.

Si no tienes una necesidad inflexible de hacer que las cosas vayan como tú quieres —si eres capaz de entrar dentro y de permitir que domine la parte pacífica, amorosa y centrada de ti mismo— descubres que esos intensos gustos y aversiones se convierten en ligeras preferencias. Pasado algún tiempo, ya ni siquiera son preferencias, porque ya no estás apegado a cómo salen las cosas. En realidad, no estar apegado al resultado es la obra de tu yo superior.

Cuando estás en calma y eres paciente y compasivo, respondes a la vida con esa misma calma, paciencia y compasión. Esto te ofrece unos beneficios enormes, como la reducción de las reacciones fisiológicas que le ocurren al individuo enfadado, irritado y fácil de molestar. Descubres que estás menos a merced del ego, al que le encanta que estés desequilibrado y fuera de tu centro. Quiere mantenerte en un estado de conflicto porque cuando tienes dificultades y luchas, no acudes a tu yo superior, que es lo que el ego más teme siempre.

Por supuesto que la vida tiene sus tormentas, pero tú eres capaz de mantenerte en calma en medio de cualquier turbulencia. Esto ni siquiera es algo que tengas que hacer deliberadamente: a medida que te sientes más sereno y confías en tu yo superior, te sentirás de manera natural cada vez menos irritado. Tu presión sanguínea no se verá afectada por un insulto, tu corazón no se acelerará cuando te contradigan, y las partes vitales de tu cuerpo funcionarán óptimamente. Para ti esta es una idea muy poderosa: cada aspecto de tu cuerpo funciona no porque estés más saludable, sino porque ya no estás a merced de todos esos estímulos externos que te estaban controlando. Has alcanzado la *auténtica libertad*.

—**Notas una ausencia de resentimiento.** Te das cuenta de que el ego intenta insistentemente que te mantengas enfocado en ti mismo, y en todas las cosas que parecen ser muy importantes para ti. Cuando sueltas eso y permites que te gobierne lo Divino que está dentro de ti, cuando abrazas la conciencia superior, lo que ocurre es que el resentimiento parece salir por la ventana.

Una persona resentida encuentra ocasiones para sentirse ofendida casi todo el tiempo, tendiendo a estar así prácticamente en cualquier lugar donde vaya. Ir conduciendo por la autopista puede ser una ocasión para estar resentido. Que los miembros de la familia no hagan las cosas como deberían es otra ocasión para el resentimiento. Que el gato esté arañando los muebles en lugar del poste, o que en ese momento no haya ninguna cerveza en el frigorífico pueden ser ocasiones para el resentimiento. Leer las noticias y descubrir que un partido político ha dicho esto, y el otro a dicho aquello, otra ocasión más para el resentimiento. Y esto sigue sin parar, hasta que la persona empieza a buscar causas de resentimiento en prácticamente todo lo que ve, lo que significa que el control de su vida no está en sus manos. La auténtica libertad llega cuando, con el transcurrir de los días, puedes ver estas cosas no como ocasiones para el resentimiento, sino tal como son. En cuanto a las cosas que te gustaría cambiar, puedes trabajar por cambiarlas sin estar absorbido en ti mismo. Cuanto más meditas, más en paz te sientes, y más llegas a conocer la fuerza-Dios que está dentro de todos nosotros. Descubres que el universo tiene un propósito, y que todas las cosas que ocurren forman parte del plan de Dios, aunque no las entiendas. Creo que una de las grandes comprensiones que puedes tener es que el plan Divino funciona y el tuyo no. Si funcionara, no tendrías ninguno de esos resentimientos ni estarías tan absorbido en ti mismo.

—**Te vuelves más productivo y tienes más energía**. Cuanto menos apegado estás al resultado y a la autoabsorción, más energía te queda para aquello por lo que viniste aquí originalmente. El ego dice: "Te debes preocupar por todo". El yo superior dice: "Si te rindes, sirves y sigues el flujo, si tienes un objetivo espiritual primordial, y sabes que estás aquí por un propósito, no tendrás tiempo para aquello que te ofende".

A medida que vives este proceso de pasar del ego a la parte superior de ti, abres una puerta energética. Entonces puedes probar una cosa muy poderosa llamada "recapitulación", un proceso en el que creo mucho. He leído algunas obras de personas que lo han practicado, y dicen que cada una de las experiencias que has tenido en tu vida está ahí. Este proceso te ayuda a retirar la energía negativa de tu vida, y cuando lo haces, abres un espacio para una energía nueva y positiva. Es como si retirar algo de ese lugar que está dentro de ti abriera una oportunidad para que entrara Dios.

Yo mismo hice este proceso de recapitulación a través de la meditación. Volví a mi clase de cuarto grado y vi a Fred allí, junto a mí. Frente a Fred estaba Janice, y después estaba Earlene, y después la señorita Engels, sentada al frente de la clase. Dije: "¡Dios mío, soy capaz de recordar a toda la clase de cuarto grado! Están todos allí".

Ese fue el año en el que mi madre nos sacó a mis hermanos y a mí del orfanato. Descubrí que podía movilizar la energía de aquel tiempo: todo lo que había almacenado, la angustia que sentía, la anticipación de que las cosas iban a ir a mejor, aunque después no lo hicieron. Mi madre se volvió a casar con alguien que era justo como mi padre: ella todavía no había aprendido sus lecciones, de modo que volvió a pasar por otro ciclo, con otro hombre alcohólico y abusador, hasta que lo entendió. A través de la recapitulación fui capaz de soltar toda esa energía.

Puedes volver atrás y expulsar de tu vida cualquier energía negativa que se haya acumulado, lo cual también te ayudará a abrirte. Volviendo a lo que aprendimos antes en el libro, cultivar el testigo no solo significa que te observas a ti mismo; es un proceso de desapegarte de tus problemas y de entender que tú no eres aquello que te problematiza. Llegas al punto en el que puedes entender que nada en tu vida está yendo ni ha ido alguna vez mal; todo es, y siempre ha sido, tal como tiene que ser.

Cuando permites que la parte superior de ti se enfoque en lo que está bien en el mundo, en lugar de en lo que está mal, te vuelves más productivo. Soltar la negatividad de tu vida, y no permitir que el ego o la autoabsorción se inmiscuyan, te ayuda a sentirte más poderoso, en control y en paz. Sé que la recapitulación cambió completamente mi perspectiva, y después de practicarla dispuse de mucha más energía.

—**Descubres cuál es tu deseo profundo, el deseo que te impulsa.** Personalmente, parece que la razón por la que vine a este planeta tiene algo que ver con enseñar a confiar en uno mismo. Y no he sido capaz de escapar de ella en ningún momento de mi vida. Cuando era un niño pequeño, viví en un orfanato y en varias casas de acogida; cuando entraban los niños nuevos, los encargados preguntaban: "¿Dónde está Wayne?" Si una niña se ponía a llorar, decían: "Wayne, ¿por qué no vas a hablar con ella?" Tomaba a mi nueva amiga de la mano y le decía: "Este es un lugar genial, te lo vas a pasar muy bien. Aquí no hay padres ni nadie que te diga continuamente lo que tienes que hacer. Es fantástico". Esto ocurría cuando yo tenía seis o siete años de edad, y he estado haciéndolo desde entonces.

Cuando estaba en secundaria, escribí ensayos e incluso novelas sobre este tipo de asuntos relacionados con la confianza en uno mismo. En el servicio militar di cursos sobre epistemología y cómo hacerse autodidacta. Había treinta jóvenes que venían a mis "clases" y comentábamos este tipo de cosas. También ayudé a las personas que tenían que lidiar con el sistema, con toda la burocracia y las normas establecidas. Después salí y fui a la universidad, y cuando empecé a enseñar, ofrecí un seminario después del horario escolar sobre varios de los temas de los que he hablado en este libro. He estado viviendo estos temas desde que puedo recordar. Esta parte más profunda de mi vida, marcada por el propósito, parece ser la razón por la que me presenté en la tierra.

Cuando te sintonizas con tu propósito y eso se convierte en tu motivador principal, tienes un objetivo espiritual primordial. Sabes que todas las cosas nimias con las que te encuentras a diario son simplemente distracciones menores de tu deseo profundo. No necesitas la aprobación de nadie, ni sientes el deseo de dominar a otros. A medida que domesticas tu ego y dejas atrás la autoimportancia, te enfocas en aquello para lo que has venido aquí. Tu energía solo está ubicada en eso, y en nada más, y cuando alguien dice algo que esté en oposición con ello, lo ves simplemente como "ahí es donde está esta persona en su camino". No estás en desacuerdo ni te sientes molesto con la persona; de hecho, ni siquiera notas nada porque tu energía está concentrada únicamente en aquello para lo que estás aquí.

—**Nunca estarás solo.** El ego promueve la soledad porque, cuanto más solo te sientes, más tratas de llenar el vacío con objetivos externos. Cuando no sientes ningún vacío dentro de ti, resulta fácil amar a ese con quien estás solo, que es tu yo superior. La soledad es imposible para ti.

También sabes que todos somos uno y que todos estamos conectados. Hay una energía divina que fluye a través de todos nosotros, de modo que no cabe la posibilidad de sentir alienación. Ahora tienes la capacidad de amar de manera mucho más poderosa, lo que reduce la posibilidad de que estés viviendo relaciones rotas. Vives de acuerdo con tu yo superior, que promueve la paz, la realización, la integridad y la alegría. La energía misma que tú eres, la fuerza que mantiene juntas las células, el pegamento que mantiene el universo de una pieza es algo que llamamos amor. Este pegamento es quien tú eres. Una vez que descubres y experimentas eso, solo ves a través de los ojos del amor y de la aceptación.

El ego quiere que vivas con miedo, que es lo opuesto al amor. Te impulsa a sentir que estás incompleto, o a sentir que algo está mal en ti, lo cual viene de ese miedo. Pero tú sabes que no tienes que criticar a nadie, y no tienes que insistir en que tienes razón, porque no estás separado de ellos. Ves la plenitud de Dios en ellos, y permites y amas su parte Divina.

Recuerdo que mi amigo Deepak Chopra me contó una vez una historia sobre un famoso santo indio que estaba siendo escoltado a un lugar muy elegante. Justo cuando estaba a punto de pisar la alfombra roja que se había preparado para él, apareció un mendigo. Uno de los acompañantes del santo le dijo:

—¡Apártate de en medio! ¿No ves que va a pasar un maestro?

El mendigo miró y preguntó:

—¿A quién estás pidiendo que salga de su camino? ¿A este cuerpo o al dios que habita en mí?

El santo se inclinó, besó al hombre y dijo:

—Tú no tienes que apartarte; nosotros dos somos uno.

Ese tipo de conciencia se convierte en algo que practicas continuamente, porque es un modo de tomar tus relaciones y llenarlas de armonía. Como sabes que todos estamos conectados, hay una ausencia de discordia.

—**Te conviertes en un ser humano más poderoso**. Eres más poderoso de lo que te has considerado nunca antes, pero no en el sentido en el que la mayoría de la gente piensa en el poder. Como dijo una vez Gandhi: "La fuerza no viene de la capacidad física. Viene de una voluntad indómita". Generarás esa fuerza de tu voluntad indómita, lo que en realidad significa que vas a dejar de asociar lo que eres con tu forma. Muchas personas se identifican a sí mismas con sus cuerpos; dicen que si sus cuerpos no están funcionando como creen que deberían, eso es una excusa para sentir impaciencia, para mostrarse menos amoroso y atento, etcétera.

Si tu poder viene de tu capacidad física, entonces cuando esta te abandone dejarás de ser poderoso. Por supuesto que sabes que tu poder no viene de eso y no se disipará cuando se disipe tu forma. Sabes que no has de ceder a cada placer ni a cada deseo egoísta que se te presente; tratas tu cuerpo de una manera saludable. Has cambiando tu identificación de quien eres, alejándola de la encarnación y llevándola al yo superior, y eres libre.

—**Descubres la seguridad definitiva**. Es como si alguien te hubiera dicho que los árboles están pegados al suelo y tú te lo hubieras creído. Después vino un experto y te dijo que eso era falso, que los árboles tienen raíces. El experto te ayuda a cavar un poco debajo del suelo y, efectivamente, compruebas la verdad. Todo el proceso de encontrar seguridad es como descubrir que tú también tienes raíces debajo de la superficie. Hay partes no descubiertas de ti que nunca supiste que estaban ahí, y entonces disfrutas de una seguridad que nunca antes experimentaste cuando te identificabas tanto con tu forma.

—**Sabes que cualquier problema que tengas se tiene que resolver en la mente**. Esta es una comprensión muy poderosa, y también es liberadora. Cuando tienes una lucha o conflicto, cuando te provocan o te contradicen y eso se manifiesta físicamente, sabes que en realidad es un problema que se ha de resolver en el pensamiento. Sabes que tu cuerpo solo está reaccionando a la manera en que eliges procesar algo. Es liberador reconocer que es tu propia reacción la que te está causando estrés, ansiedad, tensión, miedo y dolor. Entiendes: *Ninguna otra persona tiene que cambiar para que mi dolor y mis luchas desaparezcan. Mi ego me dice que los demás tienen que cambiar para que yo me sienta exitoso, feliz, satisfecho, o cualquier otra cosa, pero sé que todo se resume en cómo proceso las cosas.*

Entonces, ¿lo procesas a través de la identidad inferior del ego y de la autoabsorción, lo que te permite sentirte ofendido porque otras personas no son como tú? ¿O lo procesas a través del yo superior, que quiere que tengas paz, que no sientas confusión y que experimentes amor?

Somos parte de un sistema inteligente; hay una inteligencia que fluye a través de todos nosotros. Aunque es invisible e impermeable a los sentidos, puedes captarla, y simplemente saber que eso es lo que eres. Sabes que no eres tu envoltorio. No puedes pesar tu vida; no tiene ninguna forma, sustancia, límites o dimensiones y está más allá de los sentidos. Está más allá de lo físico: es metafísica.

Has llegado al punto en el que sabes que tú eres eso que es inmutable y eterno, en lugar de eso que siempre está cambiando y mutando. Has aprendido a resistirte a tus deseos. No vas a dejarte reprimir... vas a ser libre.

Cuando vives en la luz, experimentas una sensación de paz y dicha, una ausencia de confusión. En realidad, todo esto tiene que ver con el amor. Y cuando experimentas este tipo de amor, ocurren constantemente cosas fabulosas.

PRÁCTICAS DIARIAS

Finalmente, me gustaría ofrecer una serie de sugerencias: cosas específicas que puedes practicar a diario para ayudarte a disfrutar de la vida totalmente despierta, consciente e iluminada:

—**Recuérdate que estás aquí para cumplir una heroica misión Divina.** Trata de servir a los demás de alguna manera simple y hazlo sin contárselo a nadie y sin atribuirte el mérito. Suelta tu propio yo y simplemente pregunta: "¿Cómo puedo servir a los demás?" Recuerda que es en el servicio a los demás cuando sentimos a Dios dentro.

Piensa en algo positivo y amoroso que puedas hacer sin pedir nada a cambio. Practícalo en algún momento del día de hoy, aunque solo sea dejar que alguien pase delante de ti en la fila del supermercado, sonreír a aquellos con los que te cruzas a lo largo del día, o dar un poco de dinero a una persona necesitada. Compartir con los demás seres humanos produce una sensación de alegría a todos los implicados.

Esta es una cita que leo cada día: "Cuando busques la felicidad para ti mismo, siempre te eludirá. Cuando busques la felicidad para otros, tú mismo la encontrarás". Recuerda que el secreto de la felicidad consiste en dejar de buscarla y en intentar encontrarla para otros.

—**Ten una imagen clara de algo que te gustaría que se materializase en tu vida.** Tal vez se trate de atraer el trabajo perfecto, de encontrar a tu alma gemela, o de alcanzar la salud óptima; sea lo que sea, mantente enfocado internamente en esa imagen y extiende amor hacia fuera con tanta frecuencia como puedas teniéndola en mente. Si puedes mantener intencionadamente esa imagen en tu mente, los detalles se resolverán; simplemente rodea esa imagen de amor y no dudes de ella. Entiende la importancia de entrenar la mente, y estate seguro de estar dispuesto a hacer lo que haga falta para llevar esa imagen a la forma. Incluso si ves que no se manifiesta de manera inmediata, mantén la imagen ahí. En breve verás que lo que has estado visualizando se presenta en tu vida de las maneras más asombrosas.

—**Ten conversaciones con Dios de manera privada y especial.** En estas conversaciones, en lugar de solicitar favores, afirma tu disposición a usar todo lo que eres para crear soluciones. Pide fuerza interna para lograr algo, y después estate dispuesto a hacer lo que sea necesario para conseguir que ocurra.

A medida que creas esta nueva relación con la parte superior de ti mismo, verás que la fuerza está allí porque orientas tu atención hacia ese lugar. Recuerda: allí donde pongas tu atención, eso es lo que vas a crear.

—**Retira completamente de tus pensamientos el concepto de "enemigo".** El ego nos ha entrenado para creer en esta idea de que hay personas en el planeta que son nuestros enemigos. Algunas de estas enemistades, odios y enfados han sido transmitidos de generación en generación, sobre la base de enseñar a las nuevas almas que vienen al ser que "este es a quien se supone que has de odiar".

Recuerda que no hemos de elegir bandos en nuestro propio planeta. Todos estamos juntos en esto. La idea de que de algún modo estas personas son más especiales que otras vuelve a ser el discurso del ego. Es toda esta idea de estar separado y de ser especial. Una vez que eres consciente de ello, el ego se calma: domesticas al ego cuando aceptas la idea de que no hay enemigos.

En mis discursos a lo largo de los años, una de las cosas que decía con frecuencia es: "¿Cuántas personas hay en Rusia?" El público me daba una respuesta. Entonces preguntaba: "¿Puedes pensar en alguien en Rusia a quien odies? ¿Hay alguien en esta sala que odie a alguien en Rusia? ¿Hay alguna abuela allí o uno de esos niños pequeños rusos a los que odies?" Nunca se levantaba ninguna mano. Sin embargo, durante el periodo de la Guerra Fría gastamos billones de dólares en fabricar armas para matar a esas mismas personas a las que nadie odia.

El problema no es tanto que odiemos a otros; es que no hemos aprendido a amarles lo suficiente. Una vez que hayamos aprendido a amarnos lo suficiente y que hayamos transcendido completamente la idea de tener enemigos —y cuando un número suficiente de nosotros lo haga— entonces crearemos paz y fomentaremos la iluminación en todo el mundo. Podemos hacer esto no solo con las personas que viven al otro lado del globo, sino también con la gente de nuestros vecindarios, lugares de trabajo y familias. Cuando somos capaces de enviarles amor en lugar de odio, abrimos la fuente de energía interna que nos lleva a una conciencia espiritual acrecentada.

—**Rendición, la cual ha de ser un acto de corazón**. La rendición puede producirse en un momento, y el modo de llegar a ella es dejar de preguntarse: "¿Por qué yo? ¿Por qué me está ocurriendo esto a mí?" Rendirse significa que simplemente sueltas.

Cuando me rindo, digo: "Estoy aquí deliberadamente; solo estoy aquí para servir". Entonces me doy cuenta de que no estoy solo. Cuando aprendas a rendirte y soltar, y te des cuenta de que, de hecho, no estás solo, habrás apartado tu ego de en medio. El universo gestiona los detalles, tu yo superior empieza a gobernar y eso es dicha.

—**Date tiempo cada día para el silencio**. Puedes llamarlo meditación, oración, canto, o de cualquier otra forma, pero date algo de tiempo cada día para aquietarte y llegar a escuchar la voz de Dios. No se trata tanto de hacer una cosa u otra mientras estás en silencio; más bien se trata de lo que eres capaz de traer de vuelta del silencio.

Si tienes algo que realmente te tiene muy problematizado y estás teniendo una gran lucha con ello, date entre veinte y treinta minutos para expulsar fuera todos los pensamientos. Vas a ser capaz de traer de vuelta de ese silencio las soluciones a las cosas que son un reto tan importante para ti.

El mayor tributo que te puedes dedicar a ti mismo es un momento de silencio. De manera muy parecida a cuando fallece alguien que nos es muy querido y le ofrecemos un momento de silencio, ofrécete el mismo tributo, y te descubrirás alcanzando estados de conciencia más elevados. Tal vez esta sea una de las sugerencias más importantes que te puedo dar.

—**Aligera tu carga**. Revisa todas las posesiones que ya no usas y compártelas con los demás. Puedes hacer esto prácticamente con todas las cosas que posees. Hazlo tanto para ser caritativo como para aligerar tu carga. Simplemente aligérate un poco y no te digas a ti mismo que debes tener esas cosas. Cualquier cosa que sientas que necesitas se adueña de ti, y no puedes estar iluminado cuando eres poseído por un montón de cosas.

—**Dirige tu atención hacia lo que te agrada.** Recuerda que aquello en lo que piensas es lo que se expande, de modo que mantén tu energía mental en lo que es agradable e inspirador. Cada vez que tengas un pensamiento que no esté a la altura, retíralo muy delicadamente y di: "El siguiente". Deja atrás ese pensamiento y mantén tu atención enfocada en algo más elevado.

En lugar de poner la televisión y escuchar las estresantes noticias, y de buscar el tipo de cosas que solo sirven para deprimirte, pon un poco de música suave. Procura evitar el hábito de dejar que tu atención se distraiga con la negatividad, que es hacia donde nos empujan hoy los medios. Rodéate de positividad —poniendo una música que te eleve, programas de audio, o bien enfócate en pensamientos que te empoderen— y verás que la conciencia superior aparece cada día en tu vida.

A medida que continúas con tu proceso individual de despertar, ¿puedes mirar atrás al "sueño" que has estado viviendo hasta ahora? Tal vez el ego trate de convencerte de que no puedes cambiar, de que las cosas son como son y son así. Cuando oigas esos mensajes, recuérdate que cualquiera que sea la ley universal que ha permitido que ocurran milagros en la historia de la humanidad, esa ley no ha sido derogada. Sigue en vigor y es una energía que siempre está disponible para ti.

El ego también insiste en que tú perteneces al mundo de la forma, en que ese es tu lugar, ese es tu hogar. Tu yo superior sabe que esta solo es una parada transitoria, porque en realidad tú eres eterno, informe e inmutable, y nunca podrías permanecer retenido aquí. Sin embargo, puedes disfrutar del cielo en la tierra, y todo ello es cortesía de tu yo superior.

SOBRE EL AUTOR

Llamado afectuosamente por sus fans "el padre de la motivación", el doctor Wayne W. Dyer fue un autor, orador y pionero mundialmente reconocido en el campo del autodesarrollo. Su carrera se extendió a lo largo de cuatro décadas, en las que escribió más de 40 libros (21 de los cuales se convirtieron en éxitos de ventas del periódico *New York Times*), produjo numerosos programas de audio y vídeo, e hizo su aparición en miles de programas de radio y televisión. Sus libros *Manifest Your Destiny, Wisdom of the Ages, There's a Spiritual Solution to Every Problem,* y los éxitos de ventas del New York Times *10 Secrets for Success and Inner Peace, The Power of Intention, Inspiration, Change Your Thoughts-Change Your Life, Excuses Begone!, Wishes Fulfilled* y *I Can See Clearly Now* fueron presentados en programas especiales en la televisión pública nacional de Estados Unidos.

Wayne obtuvo un doctorado en pedagogía en la Wayne State University, fue profesor asociado de la Universidad St. John's de Nueva York, y honró su compromiso vitalicio de aprender y de encontrar el Yo Superior. En 2015 dejó el cuerpo, retornando a la Fuente Infinita para embarcarse en su próxima aventura.

Página web: www.DrWayneDyer.com